Sw Sara Mai

Casia Wiliam

Argraffiad cyntaf: 2020
Pedwerydd argraffiad: 2021

Dymuna'r cyhoeddwyr gydnabod cymorth ariannol
Cyngor Llyfrau Cymru.

Lluniau: Gwen Millward

Rhif Llyfr Rhyngwladol: 978 1 78461 862 9

Cyhoeddwyd ac argraffwyd yng Nghymru gan
Y Lolfa Cyf., Talybont, Ceredigion SY24 5HE
gwefan www.ylolfa.com
e-bost ylolfa@ylolfa.com
ffôn 01970 832 304
ffacs 832 782

Cynnwys

Stumog jiráff
a lot o law

Mae gan jiráff fwy nag un stumog. A dweud y gwir mae gan jiráff bedair stumog. Mae'r holl stumogau ychwanegol yn helpu'r jiráff i dreulio'i fwyd yn well gan ei fod o'n bwyta trwy'r dydd, bob dydd.

Wrth wylio Seb yn agor ei bedwerydd paced o greision caws a nionyn dwi'n dechrau amau ei fod o'n hanner jiráff.

Os baswn i'n cael bod yn anifail, unrhyw anifail, llewes faswn i. Dwi wedi meddwl tipyn am hyn. Mae llewod yn byw mewn gwelltiroedd mawr eang, neu ar diroedd glas safana – digon o le i redeg a chwarae ac anadlu'n rhydd. Swnio'n well na bod yn styc mewn ysgol, tydi?

Ac mae pawb yn meddwl mai'r llew sy'n arwain haid o lewod, ond y llewes sydd yn gwneud y gwaith go iawn o fynd allan i hela i fwydo'r teulu.

Dwi'n gwybod lot am anifeiliaid. Mae Mam yn dweud bod gen i gysylltiad arbennig efo nhw. Sara ydw i, gyda llaw. Sara Mai.

Mae gan Mam gymaint o straeon amdana i'n fach yn gwneud pethau doniol fel trio plymio i fewn i'r pwll i nofio efo'r pengwiniaid, a dringo i ben coed er mwyn cael sgwrs efo'r wiwerod, ond fy hoff stori i ydi'r un amdana i a'r mirgathod.

Mae'n debyg 'mod i'n dipyn o fadam pan oeddwn i'n hogan fach – mae Dad yn dweud 'mod i dal yn dipyn o fadam rŵan. Beth bynnag, pan oeddwn i'n bump oed mae'n debyg bod Dad wedi cyrraedd adref o'i waith un diwrnod a'r peth cyntaf welodd o oedd fi yn bwydo'r pandas cochion. Dyma fo'n brysio draw i ddweud wrtha i 'mod i ddim i fod i fwydo'r anifeiliaid heb help Mam neu James a dyna pryd y sylwodd o beth roeddwn i'n ei roi iddyn nhw. Siocled Lindt. Y siocled Lindt roedd Dad wedi'i gael yn anrheg pen-blwydd. Ac roedd pob un wedi mynd. Roedd y bocs yn wag!

Yn amlwg doedd Dad ddim yn hapus, a ges i row nes 'mod i'n tincian! Ar ôl i Dad ddweud y drefn wrtha i mor ofnadwy dyma fi'n rhedeg i ffwrdd. Mi fuodd pawb yn chwilio amdana i am oriau ac oriau, ond doedd dim golwg ohona i yn unman. Roedden nhw bron iawn, iawn â ffonio'r heddlu, pan wnaeth teulu oedd wedi dod i'r sw am y diwrnod ddweud wrth Mam a Dad eu bod nhw wedi ffeindio hogan fach yn cysgu'n sownd yng nghanol y mirgathod!

Dwi wrth fy modd efo'r stori yna.

Mae hi wedi bwrw glaw trwy'r dydd heddiw, a rŵan dwi'n styc yn y tŷ efo Seb. Tydw i byth yn aros yn y tŷ ar ôl dod adref o'r ysgol fel arfer. Dwi'n methu aros i gyrraedd adref er mwyn cael rhedeg allan i ddweud helô wrth fy holl ffrindiau a holi sut ddiwrnod maen nhw wedi ei gael, ac i gwyno am fy niwrnod i.

Anifeiliaid ydi'r ffrindiau gorau all unrhyw un eu cael. Maen nhw'n gwrando ar eich stori heb dorri ar draws, ac ar ôl i chi orffen tydyn nhw ddim yn beirniadu nac yn gweld bai, nac yn ochri efo'r person arall yn y stori.

Maen nhw'n gwybod pethau heb i chi ddweud hefyd.

Ar ôl un diwrnod hyd yn oed fwy afiach nag arfer yn yr ysgol yn ddiweddar, es i'n syth i gaban y mirgathod. Mae hi'n gynnes ac yn glyd yno, ac yn bell o bob man, felly does neb yn gallu eich clywed yn crio.

Mae'r mirgathod yn ciwt iawn; cotiau ffwr cynnes, wynebau bach brown a llygaid mawr, mawr. Maen nhw'n byw gyda'i gilydd mewn un criw mawr ac mae pawb yn edrych ar ôl ei gilydd.

Doeddwn i ddim yn crio y diwrnod hwnnw chwaith, dim ond yn eistedd yn dawel yn meddwl am yr holl bethau cas roedd Leila wedi ei ddweud amser chwarae, ac yn trio penderfynu a oedden nhw'n wir.

Heb i mi sylwi roedd y mirgathod wedi dod i eistedd efo fi. Roedd un wedi cwtsio ar fy nglin ac ambell un yn gorwedd wrth fy nhraed fel slipars cynnes, meddal. Roedden nhw'n gwybod 'mod i'n drist.

Roedd llygaid mawr caredig yn edrych arna i a

blew bach meddal yn cosi fy llaw, a chyn pen dim roeddwn i'n chwerthin yn braf ac wedi anghofio popeth am eiriau cas wrth rowlio a chwarae efo fy ffrindiau bach blewog.

Ges i row gan Dad ar ôl mynd i'r tŷ am swper am fod gwair dros fy ngwisg ysgol i gyd, a dim ond dydd Llun oedd hi. Mae jympyrs Dad wastad yn lân. Ond tu ôl i Dad dyma Mam yn rhoi winc slei i mi, felly doedd dim ots gen i am y row.

Mae Dad a Mam mor wahanol; maen nhw fel mwydyn a morfil. Y gwahaniaeth mwyaf ydi bod Dad yn wyn, a Mam yn ddu. Mae Mam wedi byw yng Nghymru erioed ond roedd ei rhieni hi'n dod o Ghana yn wreiddiol. Gwlad yng ngorllewin Affrica ydi Ghana. Dim gwlad ydi Affrica gyda llaw, ond cyfandir – *continent*. Mae cymaint o blant yn ein dosbarth ni yn meddwl bod Affrica yn wlad. Ac maen nhw'n meddwl eu bod nhw mor glyfar hefyd, ond tydyn nhw ddim hyd yn oed yn gwybod hynna!

Ia, felly, mae Mam a Dad yn *edrych* yn wahanol iawn i'w gilydd, ond maen nhw'n wahanol mewn lot o ffyrdd eraill hefyd.

Mae Dad yn gwisgo crys a thei i fynd i'w waith; mae Mam yn gwisgo hen drowsus tyllog, welingtons, a chôt fawr sy'n drewi fel pw eliffant.

Mae Dad yn cario papurau gwaith pwysig mewn bag lledr brown, smart; mae Mam yn gwthio berfa llawn mwd o gwmpas y sw, neu'n cario bwcedi o bysgod llithrig i'r morloi.

Dwi'n meddwl 'mod i'n debycach i Mam na Dad. Mae fy nghroen i'n frown tywyll, rhywle rhwng lliw croen Mam a lliw croen Dad. Mae pawb arall yn ein hysgol ni yn wyn. Ysgol fach iawn ydi hi.

Mae'n well gen i wisgo dillad blêr sy'n ogleuo fel pw eliffant na dillad smart anghyfforddus, ac mae'n well gen i lanhau lloc y sebras na gwneud gwaith cartref.

"Sgen ti ddim byd gwell i'w wneud na syllu ar y glaw, Sara Mai?"

Mae Seb yn gwylio *Match of the Day* ar ei fol o flaen y teledu. Mi fasa Seb yn gallu gwylio hen benodau o *Match of the Day* trwy'r dydd os basa fo'n cael.

"Nagoes, acsiyli. Alla i ddim mynd allan at yr anifeiliaid yn y glaw yma a dwi *ddim* isio gwylio *Match of the Day.*"

"Ti isio mynd am dro i'r gegin i nôl rhywbeth i fi fwyta 'ta? Ro' i twenti pî i chdi."

Jiráff. Dwi'n dweud wrthach chi.

Dwi'n cysidro'r peth, yna'n nodio ac mae Seb yn fflicio'r darn arian ata i. Dwi angen hel bob ceiniog fedra i i brynu'r llyfr diweddaraf yng nghyfres Mali'r Milfeddyg.

Dwi'n agor a chau cypyrddau'r gegin.

Oren, mi wneith hwn y tro.

Tydw i a Seb ddim yn ffrindiau trwy'r amser, ond mi oedd rhywbeth yn braf am ei gael o yn yr ysgol efo fi. Er ei fod o'n hoff o ddangos ei hun, yn eistedd yn y canol ar sedd gefn y bws ac yn canu caneuon pêl-droed ac yn cael cariad gwahanol bob dau funud, roedd hi'n braf gwybod ei fod o yno.

Doedd neb yn ddigon dewr na digon gwirion i bigo ar chwaer fach Seb. Ond ers i Seb fynd i'r ysgol fawr mae bob dim wedi newid.

"Oren? Bwyd o'n i isio!"

Dwi'n gwenu ac yn gafael yn saff yn fy ugain ceiniog.

"Paid â bod mor anniolchgar. Mi fasa jiráff wrth ei fodd efo oren!"

Llywelyn Fawr

Wyt ti'n gwybod sut mae cangarŵ yn molchi? Mae'n rhoi poer drosto'i hun i gyd, ac wedyn mae'r poer yn anweddu ac yn sychu, gan adael y cangarŵ yn lân, ac mae'n oeri ei gorff hefyd, gan ei bod hi'n boeth yn ei gynefin naturiol. Cŵl 'de? Dwi'n casáu molchi. Mae o'n gymaint o wastraff amser.

Dyna un peth arall sy'n gwneud dydd Sadwrn yn grêt – dwi ddim yn gorfod molchi. Y prif beth, yn amlwg, ydi bod yna ddim ysgol. Dwi'n codi ac allan o'r tŷ ben bore cyn bod Dad wedi meddwl am ei gornfflêcs, hyd yn oed, heb sôn am ofyn i mi a ydw i wedi molchi a glanhau tu ôl i 'nghlustiau.

Y swydd gyntaf ar fore Sadwrn ydi bwydo'r anifeiliaid. Fydda i ddim yn trafferthu bwyta llawer o frecwast fy hun, dim ond tamaid o dost yn fy llaw ar y ffordd. Tost a jam, wrth gwrs.

Hadau, pryfaid a bananas i'r mwncïod, sydd wastad yn falch o fy ngweld i.

Ffrwythau, gwair a rhisgl coed i'r eliffantod – LOT o bob dim.

Chwilod, pryfaid cop a llygod i'r mongŵs. Mae mongŵs yn perthyn i'r mirgathod, ac maen nhw'n reit debyg mewn lot o ffyrdd. Maen nhw'n fach ac yn ciwt yn un peth, ond hefyd mae yna wastad un ohonyn nhw'n cadw llygad i weld pwy sy'n dod, ac yn gweiddi i roi gwybod i weddill y criw. Felly maen nhw'n rhedeg allan fel pethau gwyllt pan maen nhw'n clywed mai fi sydd ar fy ffordd efo'u brecwast.

Ers talwm mi fyddai Seb yn helpu efo'r bwydo hefyd, ond mae o'n chwarae pêl-droed bob dydd Sadwrn erbyn hyn. Mi oedd o'n hwyl cael Seb efo fi, ond faswn i ddim yn dweud hynny wrtho fo. Roedd o'n arfer bod yn un da iawn am ddynwared sŵn yr anifeiliaid, ac weithiau roedd o'n gallu twyllo yr anifeiliaid eu hunain, hyd yn oed!

Mae'n cymryd bron i ddwy awr i fi a Mam a

James fwydo'r holl anifeiliaid, ac erbyn gorffen dwi'n barod am fy ail dost a jam.

Gyda llaw, James ydi is-geidwad y sw. Mam ydi'r prif geidwad, ond wedyn James ydi'r bòs nesaf ar ôl Mam. Felly os ydan ni'n mynd i ffwrdd, James sydd *in charge*, fel mae Mam yn ei ddweud. Dwi'n licio James. Tydi o ddim yn holi gormod, nac yn siarad gormod. Heblaw efo'r anifeiliaid – mae o'n siarad fel melin bupur efo nhw i gyd. O dde Cymru mae o'n dod, felly mae ei acen o'n wahanol i un ni, ond dwi'n ei ddeall o'n iawn erbyn hyn, ac mae o'n ein deall ni. Efo het bompom goch ar ei ben, hyd yn oed ganol haf, mae James wastad yn hawdd i'w sbotio yn y sw.

Mae lot o staff eraill yn gweithio yn y sw hefyd, ond gweithio shiffts maen nhw fel arfer. James ydi'r unig un sydd yma trwy'r amser – o, a Zia, wrth gwrs. Mae Zia yn dipyn o gymeriad hefyd.

Cyn i ni droi rownd mae hi'n naw o'r gloch ac mae'r drysau ar agor a'r bobl yn llifo i mewn i'r sw. Mae yna giw fel arfer ar ddydd Sadwrn, ciw lliwgar a swnllyd yn chwerthin a sgwrsio'n gynhyrfus. Dim ond sbio ar y ciw ar fore dydd

Sadwrn sydd angen i weld bod y sw yn rhywle sy'n gwneud pawb yn hapus.

Un o fy hoff lefydd i yn y sw ydi ym mrigau un o'r coed derw talaf. O fan'no mi fedra i weld wynebau'r bobl wrth iddyn nhw weld y llewod, y mwncïod a'r eliffantod am y tro cyntaf.

Wynebau'r plant bach sydd orau. Mae plant yn dweud bob dim efo'u hwynebau. Wrth edrych arnyn nhw mae'n amlwg beth maen nhw'n ei feddwl ac yn ei deimlo − yn rhyfeddu, yn ofnus, yn chwilfrydig.

Mae plant mawr ac oedolion fel petaen nhw wedi anghofio sut i wneud hyn. Mae eu hwynebau nhw'n cau, ac maen nhw'n dysgu dweud bob dim efo geiriau yn lle'r wyneb. Dwi wedi gweld ambell oedolyn sydd heb ymateb o gwbl wrth weld llew. LLEW! Sut all unrhyw un beidio ymateb wrth weld llew?! Mae pobl yn greaduriaid mor od.

"Sara Mai, wyt ti'n cofio bod Llywelyn Fawr yn cyrraedd heddiw? Tyrd i lawr o fan'na, mi fydd o yma toc! A mi fydd angen dy help di!" gwaeddodd Mam wrth droed y goeden dderw, efo stremps dros ei thalcen, bwced wag yn ei llaw a'i gwallt wedi ei glymu'n ôl gan sgarff liwgar.

Llywelyn Fawr! Ro'n i wedi anghofio pob dim! Dwi'n rhoi tri cham a phedair sbonc a dwi lawr wrth fonyn y goeden.

Arth ydi Llywelyn Fawr, arth yr Andes. Math o arth sydd yn byw ym mynyddoedd yr Andes yn Ne America, ond y broblem ydi bod llawer o'r coedwigoedd yno'n cael eu torri er mwyn i bobl ffermio neu godi olew yn ddwfn o'r tir. Ac mae'r eirth yn cael eu hela hefyd. Mi ddwedais i fod pobl yn od, yn do? Mae hyn i gyd yn golygu nad oes llawer o'r math yma o eirth ar ôl yn y byd. Felly mae'n bwysig ein bod ni'n eu gwarchod nhw. Ac mae yna un yn dod yma, i'n sw ni!

Diwrnod hapus oedd y diwrnod y daeth y llythyr am Llywelyn Fawr. Dwi'n cofio'n iawn, achos hwnnw oedd diwrnod cyntaf Leila ym Mlwyddyn 5. Roedd Leila'n dawel ar ei diwrnod cyntaf, yn eistedd a'i phen yn ei phlu, heb ddangos ei lliwiau go iawn. Es i ati i ddweud helô, ac mi roddodd hi wên fach swil. Mae'n rhyfedd meddwl am hynny rŵan. Mae'n teimlo fel amser maith yn ôl. Ond ar ôl cyrraedd adref y diwrnod hwnnw roedd Mam yn aros amdana i, yn chwifio llythyr yn dweud bod cais arbennig wedi dod i'n sw ni i roi cartref i un o eirth yr Andes! Dyma Mam a fi'n dechrau sgrechian a dawnsio rownd y gegin, tra bod Dad a Seb yn rowlio eu llygaid, ond dwi'n gwybod eu bod nhw'n hapus hefyd, tu mewn.

"Sut rai ydyn nhw, Mam – eirth yr Andes? Pa liw ydyn nhw? Sut maen nhw'n ymddwyn? Beth maen nhw'n ei fwyta?"

Dwi wrth fy modd yn dysgu pob dim sydd yna i'w wybod am wahanol anifeiliaid, yn enwedig rhai sy'n newydd i mi. Dyma Mam yn fy mhenodi i'n brif ymchwilydd, felly fy swydd i oedd paratoi pawb cyn i Llywelyn Fawr gyrraedd, gan wneud yn siŵr bod pawb yn gwybod beth i'w ddisgwyl a sut i'w drin o.

Maen nhw'n eirth swil, sydd yn tueddu i gadw allan o ffordd pawb a phopeth. Sgwn i sut fydd Llywelyn Fawr yn setlo yma, mewn sw? Mi fydd mor wahanol iddo fo, ond yn bendant yn well na chael ei hela, neu gael ei ladd wrth i rywun dorri'r goedwig o'i gwmpas.

Mae James a minnau wedi bod wrthi'n brysur yn paratoi'r lloc iddo ers tro. Mi wnes i'n siŵr ein bod ni'n rhoi digon o guddfannau yn y lloc iddo gael llonydd os nad ydi o eisiau gweld neb. Dwi wir yn gobeithio y bydd o'n hapus yma. Mae'n siŵr ei fod o'n ddiwrnod reit frawychus iddo, yn cyrraedd ei gartref newydd.

Ar y gair dyma lorri fawr yn gyrru trwy giatiau'r sw. Roedd yna dipyn o gynnwrf gan fod pawb oedd wedi dod i'r sw wedi cael gwybod bod arth newydd yn cyrraedd.

"Bagiwch i mewn i fama! Naci, chwith. A rŵan i'r dde! Yn ôl!"

Roedd Mam yn gweiddi a chwifio ei breichiau fel melin wynt ar ddreifar y lorri. Does yna ddim llawer o siâp bagio'n ôl arno fo ond o'r diwedd mae o'n llwyddo i barcio, gyda chefn y lorri yn agor allan yn syth i'r lloc, er mwyn i Llywelyn Fawr gael cerdded yn syth i mewn i'w gartref newydd.

"Wyt ti'n meddwl ei fod o'n iawn?" gofynnais i James yn dawel.

"Odi, bach, wy'n siŵr ei fod e wedi arfer cael

pobl yn gweiddi arno fe os mai fel 'na ma fe'n rifyrso."

"Dim y dreifar, y lembo. Llywelyn Fawr!"

"Ooooo! O, fi 'da ti nawr. Sai 'mbo, bach, gawn ni weld nawr. Ma fe siŵr o fod yn reit nyrfys, on'd yw e?"

Ar y gair daeth sŵn rhuo ffyrnig o gefn y lorri. Roedd Mam yn sefyll un ochr i'r lloc erbyn hyn, a James yr ochr arall, yn barod i gamu i'r adwy petai angen, ac er 'mod i'n torri fy mol eisiau gweld, mi arhosais i un cam yn ôl. Un peth dwi wedi ei ddysgu fel prif ymchwilydd ydi pa mor ffyrnig gall eirth fod os ydyn nhw'n ofnus.

Roedd drysau'r lorri yn agor allan yn syth i'r lloc felly doedd unman arall i Lywelyn Fawr fynd. Ond er hynny roedd lot fawr o ddwylo bach yn chwilio am law mam neu dad yn y dorf, a lot o bobl yn dal eu ffonau i fyny yn barod i dynnu llun neu ffilmio fideo.

Ro'n i wedi trio dweud wrth Mam y byddai'n well petai Llywelyn Fawr yn cyrraedd ar ddiwrnod pan nad oedd y sw ar agor i'r cyhoedd, iddo gael llonydd i setlo ac ati. Gallwn weld ar wyneb Mam ei bod hi'n cytuno, ac meddai hi,

"Ond y gwir amdani, Sara Mai, ydi bod angen cael pobl trwy'r giatiau i dalu am docynnau, er mwyn dod â pres i mewn, cyw. Fedrwn ni ddim rhedeg y sw yma ar awyr iach. Ac mi fydd pobl yn heidio yma i weld arth newydd yn cyrraedd, gei di weld."

Hi oedd yn iawn. Mae'n siŵr bod cannoedd yma heddiw, ond roeddwn i'n dal i deimlo andros o bechod dros Llywelyn Fawr, yn gorfod symud i mewn i rywle hollol newydd, a hynny o flaen cynulleidfa.

Yn sydyn, daeth fflach o ddu allan o gefn y lorri, a chyn i unrhyw un gael cip iawn ar ein tenant diweddaraf na chael cyfle i dynnu llun, diflannodd i un o'r llecynnau cudd yng nghefn y lloc.

"Oooo, wel am siom, a ninnau wedi gorfod ciwio i ddod i mewn," meddai dyn wrth fy ymyl.

Roedd cwynion siomedig yn dod o bob rhan o'r dorf, a dweud y gwir.

Dwi'n edrych ar Mam. Mae hi'n gwenu arna i ac yn codi bawd. Mae Llywelyn Fawr wedi cyrraedd yn saff, a dyna sy'n bwysig.

Ar ôl i'r dorf wasgaru es i'n nes at y guddfan, ond doedd dim siw na miw i'w glywed. Welais i'r un o bawennau Llywelyn Fawr trwy'r dydd.

"Dere, bach," meddai James, gan dynnu ei het bompom yn is wrth iddi ddechrau tywyllu. "Wy'n siŵr daw e mas fory. Wy'n credu bod dy swper di'n barod."

Fy rheinoseros

Mae gan rai eirth yr Andes farciau neu gylchoedd gwyn o amgylch eu llygaid sy'n gwneud iddyn nhw edrych fel petaen nhw'n gwisgo sbectol, ond erbyn nos Sul doeddwn i'n dal ddim wedi gweld cip ar sbectol Llywelyn Fawr.

"Sara Mai, swper!"

Mae Dad wedi gwneud cinio dydd Sul. Ac er cymaint dwi'n licio cinio dydd Sul, mi fasa'n well gen i aros yn fan hyn. Dwi wedi bod yma trwy'r dydd, efo fy hoff lyfr Mali'r Milfeddyg, fy llyfr nodiadau a fy mhicnic, yn aros yn eiddgar i weld Llywelyn Fawr, ond tydi o'n amlwg ddim eisiau fy ngweld i, na neb arall chwaith. Ond dyna ni, mae'n rhaid bod yn amyneddgar efo anifeiliaid – dyna mae Mali'r Milfeddyg yn ei ddweud o hyd.

Mali'r Milfeddyg ydi fy arwr i. Ac ydw, dwi'n gwybod mai cymeriad mewn llyfr ydi hi ac nid person go iawn, ond mi fedrith hi dal fod yn arwr i mi. James Bond ydi arwr llwyth o hogia gwirion Blwyddyn 5, a tydi o ddim yn berson go iawn, nac ydi?

Yn y llyfrau mae Mali yn mynd ar sawl antur o gwmpas y byd gan fynd i sawl picil, ac mae hi wastad yn gorfod achub rhyw anifail neu'i gilydd. O bethau bach dof fel mochyn cwta i bethau enfawr, gwyllt fel llewpart. Mae hi'n dweud bod yn rhaid bod yn amyneddgar ac yn wyliadwrus gydag anifeiliaid bob amser.

Dwi'n meddwl 'mod i wedi bod yn amyneddgar *iawn* efo Llywelyn Fawr ond yn amlwg tydi o ddim yn barod i ddod allan. Dwi'n poeni amdano fo, braidd. Mae'n siŵr fod ganddo hiraeth am ei gartref, ond dwi'n gwybod mai fama yw'r lle saffaf iddo.

Efallai mai milfeddyg fydda i ar ôl tyfu i fyny. Un ai milfeddyg neu geidwad sw, fel Mam.

"Sara Mai! Dwi ddim yn dweud eto! Brysia neu mi fydd Seb wedi bwyta'r tatws rhost i gyd!"

Dad ydi'r cogydd yn ein tŷ ni, ac mae o'n chwip o un da am wneud tatws rhost.

Cyn mynd am y tŷ dwi'n ffarwelio efo Llywelyn Fawr, ac yn dweud wrtho am gymryd ei amser, ac y bydda i'n edrych ymlaen i'w weld o pan fydd o'n barod.

*

Dwi'n rhuthro am y bwrdd, yn llwgu mwya sydyn ar ôl gweld y swper. Ond mae Dad yn fy hel i i'r llofft i newid a golchi fy nwylo yn gyntaf.

Dwi'n ei glywed o'n dweud: "Mae angen cael gwell trefn ar yr hogan 'ma!" Ond dim ond chwerthin mae Mam a Seb.

Yn y brifysgol ym Mangor wnaeth Mam a Dad gyfarfod, lle'r oedd Dad yn astudio'r Gymraeg a Mam yn astudio Swoleg. Fedra i ddim dychmygu sut na pham eu bod nhw wedi ffansïo ei gilydd erioed! Fasa hynna byth yn digwydd ym myd natur. Fasat ti byth yn gweld dau anifail hollol wahanol yn dod at ei gilydd, fatha teigar a mul, er enghraifft. Mae pobl mor od.

"Oi, fi bia honna!" Roedd Dad yn iawn, mae Seb bron â bwyta'r holl datws rhost.

"Ro'n i'n meddwl dy fod ti ddim isio swper," meddai Seb efo gwên sbeitlyd. "Rhy brysur yn cadw cwmpeini i dy ffrind newydd."

Dwi'n gwenu'n sbeitlyd yn ôl ac yn stwffio'r daten i fy ngheg yn gyfan cyn dangos y cynnwys i Seb.

"Yyy, paid â bod yn afiach, Sara Mai."

"Ia, Sara, bwyta'n iawn. Nid mwnci wyt ti," meddai Dad wedyn.

"Acsiyli, Dad, tasat ti'n dod i weld y sw yma ti'n byw ynddi weithiau, mi fasat ti'n gwybod bod mwncïod yn bwyta'n daclus, a dweud y gwir," meddwn i wrtho fo. "Maen nhw hyd yn oed yn gallu plicio'u bananas eu hunain!"

"Gwranda di…"

Ond mae Mam yn torri ar draws cyn i Dad gael cyfle i orffen ei frawddeg.

"Sut mae Llywelyn Fawr erbyn heno?"

"Tydi o dal heb ddod o'i guddfan," meddwn i wrth dywallt mwy o grefi blasus dros fy mhlât. Efallai nad yw Dad yn gwybod unrhyw beth am anifeiliaid ond mae o *yn* gwybod sut i wneud grefi.

"Ac mae James yn dweud bod o heb gyffwrdd ei fwyd."

"Hmmm," mae Mam yn cnoi ac yn meddwl. "Gawn ni weld sut bydd o erbyn fory, mae hi dal reit gynnar."

"Sôn am fory, dwi wedi bod yn meddwl," meddwn i. "Ella y basa well i mi aros adra, i gadw llygad arno fo. Fi mae o'n adnabod orau yn barod am ei fod o wedi clywed fy llais i fwy nag un neb arall, a dwi ddim yn meddwl y dylswn i ei adael o ar ei ben ei hun."

Mae Seb yn chwerthin nes bod tamaid bach o foron yn fflio allan o'i geg.

"Yr ora eto, Sara Mai!" medda fo. "Dwi'm yn gwybod pam bo' chdi'n casáu'r ysgol gymaint. Ro'n i wrth fy modd yna."

Mwya sydyn dwi ddim yn ffansïo fy swper. Be fedra i ddweud? Fedra i ddim dweud y gwir, yn bendant.

"Na, cyw," meddai Mam yn ei llais gofalus. "Mae'n rhaid i chdi fynd i'r ysgol, 'sti. Mi fydd

Llywelyn Fawr yn iawn. Mi fydda i a James yma i gadw llygad arno fo."

Ar ôl hynna dwi'n gadael i'r sgwrs lifo i'r cefndir ac yn gwthio'r pannas a'r moron o gwmpas fy mhlât. Mae'r teimlad yn ôl. Y teimlad sy'n dod pan dwi'n meddwl am fynd i'r ysgol. Mae o fel petai 'na reinoseros yn eistedd ar fy mol i nes ei fod yn cael ei wasgu'n fflat fel crempog. Ar nos Wener mae'r rheinoseros yn codi ac yn mynd am dro neu'n mynd i hela, a dwi'n teimlo fy hun yn chwyddo eto, fel balŵn hapus yn llawn aer cynnes. Ac felly ydw i trwy'r penwythnos, ond yna ar nos Sul, yn ara bach mae'r aer yn dechrau llifo allan o'r falŵn, ac mae'r rheinoseros a'i ben ôl mawr yn setlo yn fy mol unwaith eto.

"Mae ei ferch o yn nosbarth Sara Mai, dwi'n meddwl. Yndi, Sara?"

"Hmm?" Dwi wedi colli trac yn llwyr ar y sgwrs a does gen i ddim syniad am be mae Mam yn sôn.

"Dad oedd yn dweud ei fod o wedi cyfarfod dyn o'r enw Michael Hughes y noson o'r blaen pan oedd o'n chwarae cardiau. Maen nhw newydd symud i'r ardal. Byw yn y tŷ mawr gwyn ar ben yr allt yn y dref. Dwi'n siŵr bod ei ferch o yn dy ddosbarth di, yndi?"

Leila Hughes ydi Leila.

"Wel?"

Mae Dad yn aros am ateb yn amlwg, er mwyn cael dweud wrth y Michael Hughes yma yn ei gêm gardiau nos yfory, mae'n siŵr.

"Yndi. Leila."

"Ydi hi wedi setlo?" hola Mam. "Mae'n siŵr ei bod hi'n reit anodd setlo mewn lle newydd, tydi?"

Mae llygaid tywyll Mam yn sbio arna fi ac yn

dweud 'ti'n gwybod be dwi'n feddwl'. Ond fedri di ddim cymharu Leila Hughes a Llywelyn Fawr.

"Yndi, mae hi weld wedi setlo'n iawn," ydi'r unig beth fedra i ddweud.

"Os ydi hi unrhyw beth fel ei thad yna mae hi'n siarp fel pupur," meddai Dad. "Mi gurodd o Beti Williams nos Lun, ac ma hi'n un anodd iawn i'w churo, er ei bod hi'n 83…"

Dwi'n esgusodi fy hun ac yn dweud dim diolch wrth y cynnig o darten lemwn a hufen i bwdin. Mae'r rheinoseros wedi dwyn y lle yn fy mol i gyd.

Ar ôl dianc i fyny'r grisiau dwi'n swatio yn fy nghuddfan, ac yn estyn am fy fflachlamp pen yn lle tanio'r golau mawr. Mae'n fwy clyd fel hyn. Pabell fach ydi hi, yng nghornel fy stafell, ac i fama fydda i'n dod i ddianc os ydi hi'n rhy hwyr neu'n rhy wlyb i gael mynd allan.

Dwi'n trio cario mlaen i ddarllen fy hoff stori Mali'r Milfeddyg ond mae 'mhen i'n troi yn meddwl am Leila a'i chriw. Pam 'mod i'n dal yn blentyn? Mi faswn i wrth fy modd taswn i'n medru clicio fy mysedd a bod yn hen, tua 25 oed, a chael dewis beth i'w wneud bob diwrnod, beth i'w fwyta a ble i fynd a beth i'w wneud a phwy i'w weld. Mi faswn i'n dewis cwmni arth fawr dros Leila Hughes bob tro, mae hynny'n saff.

Rheolau anweledig

Tydi o ddim fel 'mod i erioed wedi cael ffrindiau. Yn amlwg dwi wedi. Dwi'n gallu gwneud ffrindiau, os oes rhaid. Y broblem ydi 'mod i'n ffeindio pobl braidd yn... od. Maen nhw'n gwneud pethau rhyfedd, yn dweud pethau rhyfedd, mae ganddyn nhw bob math o ddisgwyliadau a syniadau am sut mae pethau fod i ddigwydd a sut mae pobl eraill fod i ymddwyn, a dwi'n gweld yr holl beth yn flinedig iawn.

Anifeiliaid ar y llaw arall; mae pob anifail yn ddiddorol ac yn rhyfeddol. Maen nhw'n gwybod yn reddfol pwy ydyn nhw, sut i ymddwyn, sut i oroesi, a sut i drin yr anifeiliaid eraill o'u cwmpas.

Ym myd natur mae yna reolau clir a phendant. Mi fedri di agor llyfr neu fynd ar y we a dysgu unrhyw beth am unrhyw anifail; mae o i gyd yna mewn du a gwyn.

Ond efo pobl a'r byd go iawn, does dim rheolau. Mae popeth yn llwyd. Rwyt ti'n gorfod dyfalu, neu drio deall rheolau anweledig gwahanol bobl, achos hyd y gwela i mae gan bawb eu rheolau eu hunain.

"Sara Mai! Dos i waelod y lôn yr eiliad hon neu mi fyddi di wedi colli'r bws a fydda i ddim yn hapus os oes rhaid i mi fynd â ti i'r ysgol. Mae gen i gant a mil o bethau i'w gwneud!"

Dwi'n codi fy mag ar fy nghefn ac yn ffarwelio'n ddistaw efo Llywelyn Fawr, sy'n dal i guddio.

"Paid â phoeni, fydda i ddim yn rhy hir. Ac mi ddo' i'n syth i dy weld di ar ôl dod adref. Gobeithio y byddi di'n teimlo'n ddigon da i fwyta rhywbeth heddiw."

Ac yna dwi'n gweiddi ar Mam, sydd bellach yn cerdded draw tua lloc y sebras: "Iawn, dwi'n mynd!"

"Joia dy ddiwrnod a wela i di heno," gwaedda

Mam wedyn, gan godi ei bodiau arna i, fel petai dau fawd i fyny yn gallu gwneud y diwrnod yn well.

Dwi'n taflu gwên fach yn ôl ati hi. Dwi ddim eisiau iddi boeni.

Mae Seb wedi mynd yn barod. Mae'r ysgol uwchradd yn bellach i ffwrdd, felly mae ei fws o'n mynd yn gynharach. Mae o wrth ei fodd yn yr ysgol uwchradd, wrth gwrs. Mae o yn Set 1 ym mhob dim ac yn y tîm pêl-droed yn barod, er mai dim ond ym Mlwyddyn 7 mae o ac mae'r rhan fwyaf o dîm yr ysgol ym Mlwyddyn 9, 10 neu 11.

Mae Seb wastad wedi ffeindio pethau'n haws na fi, fel petai rhywun wedi esbonio iddo fo beth yn union ydi rheolau anweledig bod yn berson, ond wedi anghofio dweud wrtha i.

Mae'r bws yn dod rownd y tro ac yn dod i stop felly dwi'n dringo i mewn ac yn trio dewis lle i eistedd. Mae yna reolau ar y bws hefyd. Plant Blwyddyn 6 sy'n eistedd yn y cefn, a'r plant lleiaf sydd i fod yn y ffrynt. Dwi'n dewis sedd sydd rhywle yn y canol, ac yn estyn am fy llyfr yn syth.

O leiaf mi ga' i ddianc i fyd arall am ddeg munud cyn cyrraedd.

★

"Bore da, Blwyddyn 5!"

"Bore da, Mr Parri."

"Reit, sut benwythnos gafodd pawb?"

Mae ambell law yn saethu fyny, yr un rhai sydd wastad yn barod i ateb ac sydd wastad yn meddwl bod ganddyn nhw straeon hynod o ddiddorol i'w dweud. Go brin bod neb arall wedi cael arth yn symud i mewn dros y penwythnos, ond tydw i ddim yn codi fy llaw.

"Nia?"

Dwi'n eistedd drws nesaf i Nia. Dwi'n nabod Nia ers erioed. Mi aethon ni i'r un ysgol feithrin ac roedden ni'n arfer chwarae lot efo'n gilydd pan oedden ni'n fach.

Roedd pethau'n haws pan oedden ni'n cael chwarae, achos mi fedri di chwarae sw neu chwarae milfeddyg, chwarae lan y môr neu chwarae siop, ac mae hynny'n hawdd, achos ti'n cael cogio bod yn rhywun arall. Ond erbyn hyn, erbyn Blwyddyn 5, mae'r chwarae wedi newid. Yr unig gemau mae'r hogia am chwarae erbyn hyn ydi rygbi neu bêl-droed neu gemau ar y cyfrifiadur, a'r unig gêm mae merched y dosbarth yma eisiau chwarae ydi *kiss or kill*, er mwyn i'r bechgyn eu dal nhw a wedyn gorfod rhoi cusan iddyn nhw. Dwi ddim wir yn deall sut mae honno hyd yn oed yn gêm. Mae pawb yn ymddwyn fel petaen nhw ddim yn mwynhau; ddim eisiau cael cusan na rhoi cusan, felly pam chwarae o gwbl?

Fel arall, y cyfan mae'r genod eisiau'i wneud y rhan fwyaf o'r amser ydi siarad. Siarad am bob dim dan haul. Siarad, siarad, siarad. Sydd yn reit flinedig.

Mae Leila yn hoffi siarad.

"Es i a Leila i'r sinema, Mr Parri, i weld y ffilm *Lion King* newydd," atebodd Nia. "Roedd hi'n anhygoel. A wedyn ro'n ni'n teimlo'n sâl achos wnaethon ni fwyta gormod o bopcorn ac yfed gormod o Slush!"

Mae Nia'n troi at Leila sy'n eistedd y tu ôl i ni ac

mae'r ddwy'n pwffian chwerthin, fel petai teimlo'n sâl yn ddoniol ofnadwy.

"O, braf iawn arnoch chi," meddai Mr Parri, cyn mynd ymlaen i glywed hanesion rhai o'r plant eraill.

Erbyn hyn dwi wedi dechrau syllu trwy'r ffenest ac yn hel meddyliau am Llywelyn Fawr, felly tydw i ddim yn barod am y cwestiwn pan mae o'n dod amdana i.

"A beth amdanat ti, Sara Mai? Beth wnest ti dros y penwythnos?"

"O ym, wel, mi ddaeth Llywelyn Fawr i'r sw."

Mae'r dosbarth yn dawel, ac mae Mr Parri yn edrych arna i yn od.

"Llywelyn Fawr? Wyt ti'n trio dweud wrtha i bod cyn-Frenin Cymru sydd wedi marw ers y drydedd ganrif ar ddeg wedi ymweld â'ch sw chi dros y penwythnos?"

Mae Mr Parri wrth ei fodd gyda hanes Cymru, felly mae'n mwynhau'r cyfle yma i ddangos ei hun, ac yn amlwg mae pawb yn y dosbarth yn chwerthin.

Dwi'n teimlo'r gwaed yn llenwi fy wyneb ac er

'mod i'n trio fy ngorau i beidio, dwi'n gwybod 'mod i'n cochi.

"Nac ydw. Arth ydi Llywelyn Fawr."

"Aaaa, dwi'n gweld!" meddai Mr Parri. "Iawn, iawn, tawelwch rŵan. Difyr, Sara! Sut arth ydi Llywelyn Fawr?"

Does gen i ddim amynedd dweud yr un gair arall o fy mhen. Yn amlwg, yr unig reswm mae Mr Parri yn gofyn o gwbl ydi ei fod o'n teimlo'n euog am wneud i bawb chwerthin am fy mhen i. Dwi'n ateb yn frysiog.

"Arth yr Andes, o Dde America. Maen nhw dan fygythiad, felly mae un wedi dod i fyw i'n sw ni."

"O gwych, difyr, difyr iawn, diolch Sara."

Gwych? Pam mae'n wych fod eirth yr Andes dan fygythiad? Tydi hi 'mond yn chwarter wedi naw a dwi'n ysu am gael mynd adref yn barod.

Diolch byth, ar ôl holi am benwythnos pawb mae Mr Parri yn rhoi gwaith mathemateg i ni ac mae pawb yn gorfod gweithio'n unigol ac yn dawel. Tydw i ddim yn or-hoff o fathemateg ond mi ydw i'n ei ffeindio fo'n reit hawdd, felly mae'r amser rhwng hynny ac amser chwarae yn hedfan heibio.

Ar ôl i'r gloch ganu dwi'n cerdded i'r toilet er mwyn trio gwneud amser chwarae mor fyr â phosib, ond dwi'n clywed sŵn traed yn dod ar fy ôl i.

Leila a'i chriw.

"Gest ti hwyl efo dy arth newydd?"

Dwi wedi sylwi bod gan Leila sgìl arbennig. Mae hi'n gallu gofyn cwestiwn sydd yn gas ac yn gwneud i fi deimlo'n wirion, ond mae hi hefyd yn gallu gwneud iddo swnio fel cwestiwn diniwed. Taswn i'n ysgrifennu amdani hi mewn llyfr mi faswn i'n nodi hynny.

Dwi'n anwybyddu'r cwestiwn ac mae'r merched eraill yn chwerthin. Nia hefyd.

"Mae'n siŵr ei bod hi'n braf cael ffrind tebyg i chdi."

"Be ti'n feddwl?" holais. Dwi ddim yn deall.

"Wel, rhywun sy'n edrych fatha chdi 'de!"

Does neb yn chwerthin rŵan.

"Leila, ti methu dweud pethau fel'na..." meddai Nia, gan osgoi edrych arna i.

Dwi ddim yn hollol siŵr beth mae hynny'n ei feddwl – tydw i ddim yn edrych fel arth. Ond mae'n amlwg fod Nia a'r merched eraill yn meddwl bod Leila wedi torri un o'r rheolau anweledig, ond dwi ddim yn meddwl bod ots gan Leila.

Dwi'n cerdded i mewn i'r toilet ac yn eistedd i lawr, a chyn pen dim dwi'n clywed y merched yn gadael. Diolch byth. Dwi ddim am drafferthu mynd allan o gwbl heddiw, dwi jyst yn estyn fy llyfr i gael dianc am dipyn bach.

Pan mae'r gloch yn canu eto dwi'n dod allan o'r toilet ac yn golchi fy nwylo, ac wrth edrych yn y drych dwi'n deall beth roedd Leila'n trio'i ddweud, ac mae'r rheinoseros yn glanio ar fy stumog gyda fflop.

Babi newydd

"Iawn, blod?" Zia sy'n gweithio ar dderbynfa'r sw heddiw.

Dwi ddim yn adnabod neb arall fel Zia. Mae ganddi hŵps aur yn ei thrwyn – un bob ochr – ac mae ei gwallt wedi ei liwio'n binc a'i wneud yn glymau nes ei fod o'n edrach fel cynffonnau gibon. Mae Dad yn dweud eu bod nhw fel cynffonnau llygod mawr ond maen nhw lot hirach a mwy trwchus na chynffonnau llygod mawr.

Mae gan Zia lot o datŵs hefyd, dros ei chorff i gyd! Hi sydd wedi dweud hyn wrtha i. Dim ond ambell un dwi wedi ei weld, fel y pry cop mewn gwe sydd ar gefn ei llaw hi, a'r chwilen ddu sydd ar gefn ei gwddw hi. Mae hi'n amlwg yn licio trychfilod.

Mae Dad yn dweud ei fod o'n gwneud dim lles

i'r busnes i gael Zia ar y dderbynfa, ond mae Mam yn dweud 'twt lol' ac yn newid y pwnc.

Dwi'n trio gwenu ar Zia; mae heddiw wedi bod yn ddiwrnod hir.

"Wow. *Sadness alert*! Be sy'n bod, blod? Ti'n edrych fel twrci diwrnod cyn Dolig."

Mae hyn yn gwneud i fi wenu go iawn.

"Dyna welliant!" Mae hi'n mynd i'w phoced ac yn cynnig Polo mint i fi. Dwi'n cymryd un yn ddiolchgar.

"*Boy troubles*?" gofynnodd, gan godi un o'i haeliau.

Dwi'n ysgwyd fy mhen.

"Call iawn, tydyn nhw'n ddim byd ond trafferth. Cadwa di'n glir ohonyn nhw mor hir â fedri di, blod. Dyna 'nghyngor i. Wneith dynion ddim byd ond chwalu dy ben a thorri dy galon di."

Mae Zia wastad yn siarad efo fi fel taswn i'n oedolyn. Ac er mod i ddim yn gwybod am be mae hi'n sôn y rhan fwyaf o'r amser, mae hynny'n dal yn beth braf.

"Be sy 'ta, blod? Tisio siarad am y peth? Does

dim rhaid i chdi, cofia. Os ti ddim isio, beth am i fi jyst dweud rhywbeth rili ffyni wrthat ti sydd deffo'n mynd i neud i chdi chwerthin?"

"Ia. Yr ail opsiwn," dwi'n dweud, gan sugno ar y Polo mint.

"Wel, *drum roll* plis... Mae Jeffrey wedi cael y babi yn gynnar!"

"Beeee?"

Mae un o fy nghoesau i'n dechrau rhedeg am y lloc ond mae'r llall eisiau aros i glywed diwedd y stori.

"*I know*! Ond mae popeth yn iawn, aeth popeth yn *smooth*, roedd Coesog gydag o yr holl amser, ac mae'r babi wedi dod allan yn iawn, ti'n gwybod, disgyn ar y tywod ac ati, *you know the drill*. Ond... *get this*..."

Dwi'n syllu arni gan nodio'n eiddgar er mwyn iddi ddweud gweddill y stori'n reit handi i mi gael mynd i weld drostaf fy hun!

"Mae'r babi'n ofni uchder!"

Ac mae Zia yn dechrau chwerthin a chwerthin a chwerthin, nes bod ei masgara du yn llifo i lawr ei bochau.

"Beeeee?" meddwn i eto, yn dechra swnio fel tôn gron. "Ond, sut ydach chi'n gwybod hynny?"

"Wel…" mae hi'n sychu ei dagrau ac yn anadlu'n ddwfn i drio stopio chwerthin, "ti'n gwbod sut mae babis jiráff fel arfer yn sefyll ac yn cerdded, *doing their thing* o fewn ryw hanner awr ar ôl cael eu geni? Wel…"

Ac mae'r chwerthin yn dechrau eto.

"ZIA!"

"O sori, blod. Mae o rili wedi ticlo fi. Tydi'r babi yma ddim yn fodlon sefyll. Mae'n *sort of* shyfflo ar ei bengliniau! *Honestly*, cer i weld, byddi di'n teimlo'n well yn syth!"

A bron cyn bod Zia wedi gorffen ei brawddeg dwi'n rhedeg nerth fy nhraed at lloc y jiráffs. Dwi wedi adnabod Jeffrey erioed gan ei bod hi'n hŷn na fi, mae hi'n un ar ddeg oed. Dwi'n cofio Mam yn dweud y stori eu bod nhw i gyd wedi meddwl mai jiráff gwryw oedd Jeffrey pan gafodd o'i eni, ac felly dyma un o'r staff ar y pryd yn ei alw fo'n Jeffrey. Ond yn fuan wedyn dyma nhw'n sylwi mai jiráff benyw oedd o – neu hi! Ond erbyn hynny roedd pawb wedi arfer efo'r enw Jeffrey felly dyma benderfynu cadw'r enw. A dwi'n gwybod bod jiráff benywaidd o'r enw Jeffrey yn beth od, ond jiráff sydd ofn uchder?!

Wrth i mi fynd yn nes ac yn nes at y lloc mi fedra i weld bod yna dipyn o dorf wedi ymgasglu o gwmpas Jeffrey a'r llo bach newydd, y pedwerydd llo i Jeffrey. Doedd yr un o'r lleill ofn uchder, o be gofia i.

"Mam! James! Be sy'n mynd ymlaen?"

Dwi'n gorfod gwthio'n ffordd heibio'r dorf er mwyn cael gweld yr hyn ddisgrifiodd Zia i fi, ac roedd hi'n iawn, mae o *yn* ddoniol!

"Sara Mai! 'Drych ar hyn!" meddai James, a'i wyneb o'n disgleirio gyda hapusrwydd.

Mae'r babi jiráff yn llusgo ei hun ar ei bengliniau ar hyd y lloc! Ac mae Jeffrey'n gwneud ei gorau i wthio pen ôl y llo bach newydd i'r awyr ond does yna ddim siâp codi arno.

"Mam, ydi bob dim yn iawn? Oes rhywbeth yn bod efo'i goesau fo?"

"Nagoes, cyw. Dyna oeddan ni'n feddwl i ddechrau hefyd, 'sti, ond mae'r milfeddyg wedi bod yma'n cael golwg arno fo ac mae o'n hollol iach, pob dim yn ei le. Yn ôl pob tebyg, tydi o jyst ddim yn licio uchder!"

Mae llawer o'r dorf wedi estyn am eu ffonau symudol ac wrthi'n ffilmio'r llo bach newydd. Mae hwn yn siŵr o gael lot o hits ar YouTube!

"Ydach chi wedi rhoi enw iddo fo eto?" holais. Dwi wrth fy modd yn clywed beth ydy enwau aelodau diweddaraf y sw.

"Do, wedodd dy fam mai fi fydde'n cael ei enwi fe," meddai James gyda gwên ddireidus yn cosi ei wyneb.

"A be ti 'di'i ddewis?"

"Ji-waaaaaaaaaaaaaaa-ff!"

"Go iawn?"

Mae'r het bompom goch yn ysgwyd i fyny ac i lawr wrth i James chwerthin, a chyn pen dim dwinna wedi dechrau chwerthin hefyd ac yn methu stopio.

Ar ôl stopio mae James yn ysgwyd ei ben.

"Nage, bach. Ro'n i'n meddwl falle bydde 'na bach yn greulon. Dwi 'di'i alw fe'n Talfryn."

A jyst fel'na roedd Zia a James a Jeffrey a Talfryn

wedi gwneud i mi anghofio bob dim am Leila a'i geiriau cas.

"Mae rhywun arall y dylet ti fynd i'w weld hefyd, bach," meddai James gan gasglu ei offer o gwmpas ei draed yn barod i fynd i tsiecio ar y byffalo.

"O?" meddwn i, cyn i lygedyn bach o obaith danio fel sbarc y tu mewn i mi. "Llywelyn Fawr?!"

Dim ond nodio a gwenu mae James, felly dwi'n troi ar fy sawdl ac yn dechrau rhedeg ond dwi'n clywed Mam yn gweiddi yn y pellter: "Dos i newid o dy ddillad ysgol gynta!"

Os baswn i'n cael punt am bob tro dwi wedi clywed y frawddeg yna mi faswn i'n gyfoethog iawn. Felly i ffwrdd â fi i'r tŷ gan sgrialu trwy'r drws, taflu fy mag ar lawr, a rhedeg i fyny'r grisiau i newid i fy nillad chwarae. Ar fy ffordd i lawr dwi'n gweld bod Seb wedi cyrraedd adref.

"Seb! Mae Llywelyn Fawr wedi dod allan!"

"O do? Cŵl. Aros dau funud a ddo' i efo chdi," meddai Seb, gan fynd i'w lofft yntau i newid.

Weithiau mae'r hen Seb yn dod i'r golwg. Mae o'n anghofio bod yn cŵl ac yn brysur ac

yn boblogaidd a jyst yn bod yn frawd mawr i mi unwaith eto.

"Am be ti'n aros?" meddai fo wedyn wrth redeg heibio i fi trwy'r drws ffrynt! Dwi'n sgrialu ar ei ôl o fel mellten.

Rydyn ni'n dau yn cyrraedd lloc Llywelyn Fawr allan o wynt, ac mae James yn iawn. Dyna fo! Mae o wedi dod allan o'i guddfan o'r diwedd! Dwi ar fin dechrau siarad efo fo ond yna'n cofio bod Seb efo fi, ac yn penderfynu aros tan 'mod i ar fy mhen fy hun efo fo.

Gan mai dydd Llun ydi hi mae hi'n reit dawel yn y sw a dim ond ambell berson arall sydd o gwmpas. Dwi'n eistedd i gael golwg iawn ar Llywelyn Fawr, ac mae Seb yn eistedd wrth fy ymyl i.

"Mae o wedi gwrando ar yr hysbyseb," meddai Seb, mewn llais difrifol.

"Be?" dwi'n holi, wrth gadw fy llygaid ar yr arth fawr gref sy'n cerdded o gwmpas y lloc yn archwilio ei chartref newydd.

"Mae o wedi bod yn Specsavers, do!"

"O, ha-ha!"

Ond mae Seb yn iawn, mae o *yn* edrych fel

petai'n gwisgo sbectol. Mae dau gylch gwyn ar ei wyneb o, un o gwmpas pob llygad. Fel arall mae ei gôt ffwr o'n ddu, ac mae ganddo un patsyn bach brown o dan ei ên. Dwi'n cofio tipyn o'r ffeithiau am eirth yr Andes wrth edrych arno.

"Wyneb byr sydd ganddo – *short-faced bears* ti'n eu galw nhw. Ac eirth yr Andes ydy'r rhywogaeth olaf o eirth wyneb byr ar y blaned. Mae'r lleill i gyd wedi diflannu. Maen nhw'n byw ar lethrau'r coedwigoedd ar ochr ddwyreiniol mynyddoedd yr Andes, ond mae llwyth o'r coedwigoedd yn cael eu torri felly does dim llawer o'u cynefin naturiol nhw ar ôl."

Dwi'n meddwl am antur ddiweddaraf Mali'r Milfeddyg pan mae hi'n teithio i Beriw ac yn gorfod achub jagiwar sydd wedi ei ddal gan helwyr. Efallai dyna faswn i'n hoffi'i wneud ar ôl tyfu i fyny a gorffen efo'r busnes bod yn blentyn yma. Mynd i deithio a thrio gweld holl rywogaethau'r byd. Wrth i mi feddwl hyn dwi'n gwybod bod hynna'n amhosib achos mae yna 8.7 miliwn o rywogaethau o anifeiliaid yn y byd. Hyd yn oed os baswn i'n dechrau fory ac yn dal wrthi tan y diwrnod dwi'n marw fyddai hynna'n dal ddim yn ddigon o amser i'w gweld nhw i gyd.

"Ydi bob dim yn iawn yn yr ysgol, Sara Mai? Pam bo' chdi'n casáu'r lle gymaint?"

Er iddo ofyn y cwestiwn mae Seb yn dal i edrych yn syth ymlaen ar Llywelyn Fawr. Fedra i ddim gweld bai arno. Mae rhywbeth hudolus am yr arth sydd yn sefyll ar ei thraed ôl erbyn hyn ac yn crafu rhisgl coeden gyda'i phawennau pwerus.

Dwi ddim yn siŵr ydi Seb yn gofyn drosto ei hun neu ydi Mam neu Dad wedi gofyn iddo ofyn. Y peth dwytha dwi eisiau ydi Mam neu Dad yn mynd i'r ysgol i gwyno a chodi helynt. Mi fasa Leila bendant yn waeth wedyn. Dwi'n meddwl am dipyn cyn ateb.

"Dwi fel arth; yn hapus ar fy mhen fy hun, yn gallu dygymod yn iawn ar fy mhen fy hun ac edrych ar ôl fy hun. Dwi ddim angen bod o gwmpas pobl eraill trwy'r amser, yn enwedig pobl eraill wirion a babïaidd sydd isio chwarae gemau gwirion a siarad am betha gwirion."

Mae Seb yn dal i syllu ar Llywelyn Fawr, felly dwi'n cario 'mlaen.

"Ond dwi'n teimlo bod gweddill y dosbarth fel pengwins. Maen nhw'n hapus mewn criw mawr ac yn ddibynnol ar ei gilydd ac angen ei gilydd. A fasat ti byth yn rhoi arth a phengwiniaid yn yr un lloc."

Ar ôl dweud hyn i gyd dwi'n cofio yr hyn ddywedodd Leila heddiw.

"Ond Sara Mai, mi oedd gen ti ffrindiau, doedd? Dwi'n cofio nhw'n dod i'r sw a ballu."

Mae Seb yn iawn. Ond ers i Leila gyrraedd mae popeth, a phawb, wedi newid.

"Mmm." Dwi bron yn gallu clywed yr hapusrwydd o weld Talfryn a Llywelyn Fawr yn llifo allan ohona i fel aer poeth o falŵn wrth gael y sgwrs yma a gorfod meddwl am Leila eto.

Mae'n rhaid bod Seb yn teimlo bechod drosta i wedyn achos mae'n dweud:

"Mae gen ti ffrindiau, Sara Mai. Mae gen ti fi a James a Zia a phawb arall yn y sw 'ma. Chdi sy'n eu nabod nhw orau, ac maen nhw… rydan ni'n meddwl y byd ohonach chdi – er bo' chdi mor weird!"

Ar y gair mae yna sŵn chwerthin o'n cwmpas

ni ac ambell blentyn yn gwichian dros bob man. Dwi'n troi i edrych i weld beth sy'n digwydd, jyst mewn pryd i weld Llywelyn Fawr yn gwneud pw anferthol. Mae'n siŵr ei fod o'n dechrau teimlo'n gartrefol yma!

Y prosiect

Y peth cynta dwi'n sylwi arno wrth gerdded i mewn i'r dosbarth y diwrnod wedyn ydi bod Leila yn absennol, ac mae'r rhyddhad yn llifo trwydda i. Dwi'n eistedd wrth ymyl Nia ac mae hi'n dechrau sgwrsio efo fi yn syth.

"Sut mae Llywelyn Fawr?"

Pan oeddwn i a Nia yn fwy o ffrindiau roedd hi wrth ei bodd yn dod i'r sw. Mae hi'n hoff iawn o anifeiliaid ond mae gan ei thad hi alergedd i bob dim dan haul, felly tydyn nhw ddim yn gallu cael unrhyw anifail anwes, dim hyd yn oed pysgodyn aur!

Yn fy hwyliau da dwi'n anghofio bod yn flin efo Nia am ochri efo Leila ac yn ei hateb yn syth.

"Mi ddaeth o allan o'i guddfan ddoe! Roedd o wedi cuddiad yna trwy'r penwythnos. Maen nhw'n cymryd amser i setlo mewn lle newydd, ond mi ddaeth o allan pnawn ddoe!"

"Waw! Sut un ydi o? Sut mae o'n edrych?" Dwi'n gallu gweld wrth edrych ar ei hwyneb hi fod Nia wir eisiau gwybod.

"Mae ganddo gôt ddu, ac o gwmpas ei lygaid…"

"Iawn, Blwyddyn 5, setlwch i lawr plis."

Dwi'n sibrwd, "Amser chwarae" wrth Nia, ac yn troi i edrych ar Mr Parri.

"Reit, dwi am osod prosiect newydd i chi, ac mi fydd gofyn i chi weithio mewn grwpiau ar y prosiect arbennig yma."

Mae 'nghalon i'n suddo; dwi'n casáu gweithio mewn grŵp. Mae o'n ffordd hollol wirion o weithio − trio cael lot o bobl hollol wahanol i weithio ar un peth. Mae'n anodd iawn gwybod beth ydi'r rheolau anweledig wrth weithio mewn grŵp.

"Dwi am i chi wneud llyfryn A3 fel grŵp, llyfr ffeithiol sydd yn ddeniadol ac yn ddifyr. A'r thema dwi wedi ddewis i chi ar gyfer y llyfryn ydi anifeiliaid."

Wrth glywed hyn mae 'nghalon i'n codi fymryn unwaith eto. Fasai Mr Parri ddim wedi medru dewis pwnc gwell! Dwi bron yn siŵr ei fod o wedi edrych arna i a gwenu wrth ddweud 'anifeiliaid'.

"Felly dwi am eich rhoi chi mewn grwpiau o bedwar. Ac mi fydda i'n asesu, nid yn unig y llyfryn, ond hefyd sut ydych chi'n gweithio mewn grŵp, pa mor dda ydych chi'n gwrando ar syniadau eich gilydd a…"

Mae Mr Parri yn stopio wrth i'r drws agos. Mae Leila yn cerdded i mewn.

"Sori 'mod i'n hwyr Mr Parri, apwyntiad deintydd," meddai, gan fflachio gwên fawr wen arno.

"Iawn, dos i dy sedd, Leila. Dwi jyst wrthi'n esbonio am ein prosiect newydd."

Ac wrth i Mr Parri ailadrodd ei hun gan fod Leila yn hwyr, mae pob math o syniadau yn dechrau gwibio trwy fy mhen i. Mae yna gymaint o anifeiliaid! Sut allwn ni ddewis pa rai i'w cynnwys yn y llyfryn? Tybed pa anifeiliaid fyddai Mali'r Milfeddyg yn dewis? Fyddai'n well cael casgliad o famaliaid 'ta fyddai'n well cael amrywiaeth a chynnwys ymlusgiaid hefyd? Ac adar a physgod…

"Reit 'ta, y grwpiau."

Mae llais Mr Parri yn torri ar draws fy meddyliau. Dwi'n dechrau gweddïo yn dawel fach yn fy mhen. Plis, plis, plis, dim Leila. Plis, plis, plis…

"Y grŵp cyntaf fydd Jackson, Caleb, Pedr a Siân. Yr ail grŵp fydd Math, Alffi, Nerys a Gwen…"

C'moooon plis, plis, plis.

"Y trydydd grŵp fydd Cerys, Alys, Kyle a Seth. Y pedwerydd grŵp fydd Oli, Leila, Nia a Sara Mai. Y pumed grŵp fydd…"

Ond tydw i ddim yn clywed y gweddill. Dwi wedi clywed yr unig beth nad oeddwn i eisiau'i glywed. Mae'r rheinoseros yn rhedeg ata i gan milltir yr awr ac yn eistedd ar fy stumog gyda bang. A finnau wir wedi edrych ymlaen i wneud y prosiect. Rŵan dwi jyst eisiau chwydu.

Mae Nia yn gwenu'n swil arna i. O leiaf mi fydd Nia efo ni hefyd, ond mae hi'n hollol wahanol pan mae Leila o gwmpas. Ac Oli… dwi ddim yn adnabod Oli a dweud y gwir. Mae o'n un o'r hogia sydd wir yn licio chwarae pêl-droed, felly mae o allan bob amser chwarae ac amser cinio, ac mae o'n eistedd yr ochr arall i'r dosbarth. Dwi ddim yn siŵr a ydw i erioed wedi siarad efo fo'n iawn, a dweud y gwir. Mae o'n eithaf tawel, neu efallai ei fod o'n ymddangos yn dawel am ei fod o'n ffrindiau efo Jackson ac Alffi, hogiau mwyaf swnllyd y dosbarth.

"Iawn, pawb i'ch grwpiau os gwelwch yn dda i ddechrau trafod. Mi fydd angen symud y byrddau a'r cadeiriau i chi fedru eistedd fesul pedwar. Iawn, *chop chop*, dewch 'laen, Blwyddyn 5. YN DAWEL."

Mae sŵn llusgo a chrafu a siarad yn llenwi'r dosbarth am y pum munud nesaf wrth i bawb symud y byrddau a'r cadeiriau a mynd i eistedd at eu grwpiau newydd. Ar ôl lot o ffws mae pawb yn eistedd, a dwi'n cadw fy mhen i lawr. Fedra i ddim wynebu edrych ar Leila.

"Ocê, wel, mae gen i labrador a dau fochyn cwta a llond tanc o bysgod," meddai Leila, wrth sythu ei chadair a thyrchu trwy ei chas pensiliau, "felly fi ddylai fod yn arweinydd y grŵp a dwi'n meddwl y dylsen ni ysgrifennu am yr anifeiliaid yna. Pawb yn cytuno?"

Dwi'n dweud dim, ac mae Nia'n dawel. Hyd yma mae Oli wedi syllu trwy'r ffenest ond mae'n troi i edrych arna i.

"Ym, ddudist ti rywbeth am arth ddoe?" Dwi'n edrych arno, ac yn llyncu cyn ateb.

"Do." Mae o'n dal i syllu arna i.

"Wel? Be ddudist ti eto? Sgin ti arth neu rywbeth?"

"Ym, wel, oes."

Yn sydyn mae Nia'n dweud yn wyllt: "Mae Sara Mai yn byw mewn sw! Teulu Sara Mai sydd bia Sw Halibalŵ ar y ffordd allan o'r dre, yndê, Sara?" Mae hi'n siarad fel trên, fel petai hi'n trio dweud pob dim ar yr un pryd cyn iddi golli ei phlwc. "Ac maen nhw newydd gael arth newydd."

Dwi'n codi fy mhen fymryn ac yn gweld bod wyneb Leila yn goch iawn.

"Mi fasa'n lot gwell gen i sgwennu am arth nac am bysgod aur," meddai Oli'n blwmp ac yn blaen.

"Nid *pysgod aur* ydyn nhw, ond pysgod trofannol," hisiodd Leila.

"Ocê, ond gawn ni neud o am anifeiliaid y sw?

Gawn ni ddod i'r sw am ddim?" Mae Oli'n swnio'n reit gyffrous am y syniad, felly dwi'n manteisio ar y cyfle.

"Iawn, siŵr. Ydach chi isio dod dydd Sadwrn? Neu ar ôl ysgol ryw ddiwrnod? Mi fasan ni'n gallu edrych o gwmpas a dewis rhyw dri neu bedwar o anifeiliaid?"

"Fedra i ddim dod dydd Sadwrn, dwi'n mynd i gystadleuaeth gymnasteg," meddai Leila yn swta. "A dwi'n cymryd mai prosiect ar gyfer yr wythnos yma ydi hwn, felly mi fydd rhaid i ni'i orffen o erbyn dydd Gwener," ac yna mae'n ychwanegu o dan ei gwynt, "diolch byth."

"Mr Parri?" Mae Nia wedi codi ei llaw. "Am faint fyddwn ni'n gweithio ar y prosiect yma? Pryd fyddwch chi isio'r prosiect i mewn?"

"Cwestiwn da, Nia, reit, dyma'r rheolau…"

Mae Mr Parri yn ysgrifennu'r canlynol yn daclus ar y bwrdd gwyn:

- 3 wythnos i weithio ar y prosiect.
- Dewis dim mwy na phump anifail.
- Rhaid cynnwys testun a lluniau.
- Rhaid i bawb o'r grŵp gyfrannu at y llyfryn.

- Rhaid i chi benodi arweinydd i'r grŵp.

"Iawn, popeth yn glir? Yn amlwg mi fyddwn ni'n gweithio ar bethau eraill hefyd, ond mi fydd digon o amser yn yr wythnos i weithio ar y prosiect, neu mi allwch weithio arno amser chwarae ac amser cinio, neu ar ôl yr ysgol yn eich amser eich hun."

Mae pawb o'n grŵp ni yn edrych ar ei gilydd am eiliad ac yna mae Oli'n dweud: "Iawn. Sara Mai fydd yr arweinydd achos mae hi'n byw mewn sw. Awn ni i'r sw dydd Sadwrn i ddewis y pump anifail. Mi wna i'r lluniau."

Am unwaith, mae Leila yn dawel.

Tydw i erioed wedi bod yn arweinydd o'r blaen, a dwi ddim yn siŵr a ydw i eisiau bod yn arweinydd, ond alla i ddim meddwl am brosiect gwell i'w arwain. Wrth i'r rheinoseros godi ei ben ôl fymryn oddi ar fy stumog dwi'n penderfynu 'mod i'n hoff o Oli.

Ymwelwyr

"Heddiw mae dy ffrindiau di'n dod draw, ia, Sara Mai?" hola Dad, wrth osod omlet a salad ffrwythau o dan fy nhrwyn i.

"Be ydi hwn?"

"Brecwast maethlon maen nhw'n ei alw fo. Tydi tost a jam, coelia neu beidio, ddim y math o beth sydd am dy helpu di i dyfu'n gryf ac yn iach. Heddiw maen nhw'n dod?"

Dwi'n estyn am y botel sos coch ac yn rhoi blob anferthol ar yr omlet i'w gwneud hi'n fwytadwy.

"Ia, tua un ar ddeg."

Roedd Mam wedi dweud y byddai'n well i mi beidio gwneud fy swyddi arferol bore 'ma, "Neu mi fyddi di wedi blino cyn iddyn nhw gyrraedd. Aros adra i gael brecwast iawn efo Dad a pharatoi."

Mae pawb wedi gorymateb am yr holl beth, a dweud y gwir. Dwi'n meddwl bod pawb wedi bod yn poeni nad oedd gen i ffrindiau, ac ar ôl i mi ddweud bod dau ohonyn nhw yn dod draw i'r sw heddiw am ein bod ni'n gweithio ar brosiect efo'n gilydd, mae pawb wedi cyffroi'n lân ac yn gwneud ffys mawr am y peth.

A dweud y gwir dwi'n edrych ymlaen hefyd, gan mai dim ond Nia ac Oli sy'n dod. Mae Leila'n mynd i'w chystadleuaeth gymnasteg, felly mi fydd yn llawer brafiach efo jyst y tri ohonon ni.

Mae Oli wedi gofyn llawer iawn o gwestiynau i mi'r wythnos hon yn barod; dwi ddim yn meddwl ei fod o wedi bod mewn sw o'r blaen. Ac mae o wedi tsiecio ddwy waith ei fod o'n cael dod i mewn am ddim.

"Ydi merch Michael Hughes yn dod? Honno roeddet ti'n dweud oedd reit newydd yn y dosbarth? Mae hi yn y grŵp, yndi?"

"O, ym nadi, mae hi methu dod. Dim ond Oli a Nia sy'n dod." Diolch byth.

"A, dwi'n gweld. Wel, cyffrous! Pa anifeiliaid

wyt ti'n meddwl y byddwch chi'n eu dewis ar gyfer y prosiect?"

"Dwi wedi meddwl lot am hyn," atebais, gan drio anwybyddu teimlad llithrig yr omlet yn fy ngheg. "Dwi'n meddwl y byddai'n gwneud synnwyr cynnwys Llywelyn Fawr gan mai fo ydi'r anifail mwyaf newydd i gyrraedd y sw, ac mae'r rheswm pam ei fod o yma yn un pwysig i'w rannu hefyd. Ac wedyn ella y pengwiniaid gan eu bod nhw mor ddiddorol, ac mae Oli'n hoff o wneud lluniau a dwi'n siŵr y basa fo'n gallu gwneud lluniau gwych ohonyn nhw yn nofio o dan y dŵr, ac…"

Mae Dad a'i ben mewn llythyr ac yn amlwg wedi stopio gwrando.

"Ac wedyn, am y tri arall, ro'n i'n meddwl ella mynd amdanat ti a Mam a Seb, achos rydach chi'n greaduriaid mor od."

"Ia, grêt, swnio fel syniad da, Sar—"

"DAD! Ti ddim yn gwrando!"

Ond pan mae Dad yn rhoi'r llythyr i lawr dwi'n gweld bod y gwaed i gyd wedi llifo o'i wyneb o; mae o mor wyn â llwynog yr Arctig.

"Be sy, Dad? Be sy'n bod?" Dwi'n ymestyn draw i afael yn y llythyr ond mae Dad yn ei gipio fo oddi wrtha i, yn ei blygu a'i roi yn ôl yn yr amlen.

"O, dim byd, cyw. Bil annisgwyl, 'sti. Mae'n job ddrud rhedeg sw!" ac mae'n gorfodi chwerthiniad sy'n swnio'n ffug ac yn boenus. Dyna beth arall od am bobl, y ffordd maen nhw'n cogio, yn smalio, ac yn dweud celwydd.

"Dad, dwi ddim yn wirion. Be sy'n bod?"

"Na, wir i ti, bil enfawr! Aros di nes gwela i dy fam! Paid ti â phoeni am y peth. Rŵan, dos i wneud dy hun yn barod, mi fydd dy ffrindiau di yma cyn pen dim." Ac mae'n sgubo'r plât o dan fy nhrwyn i ac yn taflu gweddill yr omlet i'r bin heb ofyn ydw i wedi gorffen, hyd yn oed.

Dwi'n rhedeg i fyny'r grisiau, dau ris ar y tro. Beth bynnag oedd yn y llythyr yna does gen i ddim amser i feddwl am y peth rŵan. Mae Dad yn iawn, mi fyddan nhw yma toc a dwi'n dal yn fy mhyjamas a mae 'ngwallt i fel nyth cacwn.

★

"Iawn, blod? Ti'n edrych yn neis!"

Mae Zia'n edrych arna i yn amheus. Grêt, dwi'n teimlo'n wirion rŵan! Dwi wedi gwisgo pâr o jîns a chrys-T ges i'n anrheg Nadolig. A dweud y gwir mae'n siŵr nad ydi Zia yn fy ngweld i fel hyn yn aml, fel arfer dwi'n gwisgo fy nillad blêr o gwmpas y sw.

"Ydi Mam wedi sôn bod dau berson yn cael dod i mewn am ddim heddiw?" dwi'n holi'n nerfus. Mae Zia'n chwifio tri thocyn gwyrdd ata i fel ateb – tocynnau dod i mewn am ddim.

"O, dim ond dau sydd angen," meddwn i.

"Dim probs. Pwy sy'n dod 'ta, blod? Bydd hwnna'n ugain punt a phymtheg ceiniog, os gwelwch yn dda," meddai Zia, gan sugno Polo mint, siarad efo fi a siarad efo'r cwsmeriaid yn y ciw ar yr un pryd. Beth bynnag mae Dad yn feddwl o wallt, tatŵs a chlustdlysau Zia, mae pawb yn gwybod mai hi ydi'r orau ar y dderbynfa.

"O, jyst ffrindiau o'r ysgol. Rydan ni'n gorfod gwneud prosiect am anifeiliaid felly maen nhw'n dod yma i ddewis y pump anifail."

"O cŵl! Diolch yn fawr, mwynhewch eich diwrnod!"

Ar hynny dwi a Zia yn sylwi ar gar mawr, du, crand yn parcio reit wrth flaen y sw, lle nad oes neb i fod i barcio.

"Blydi hel, pa idiot sy'n meddwl, *honestly*… Bore da, croeso i Halibalŵ! Faint ohonoch chi, os gwelwch yn dda?"

Dwi'n cerdded ychydig yn nes i drio gweld pwy sydd yn y car ond mae'r ffenestri yn rhai tywyll felly does dim modd gweld i mewn, dim ond allan. Yna, mae tri drws yn agor, ac mae Nia, Oli a Leila yn camu allan o'r car.

"Haia!" meddai Nia cyn i fi gael cyfle i ddweud dim byd. "Mae cystadleuaeth gymnasteg Leila wedi ei chanslo felly mae ei thad wedi rhoi lifft i ni. Ffeind 'de?"

Dwi'n edrych ar Leila. Mae hi'n cnoi gwm ac yn edrych o'i chwmpas gan wneud wyneb fel petai hi newydd flasu pw camel.

"Haia," meddai Oli, ac mae ei wyneb o'n dweud stori wahanol. "Waw! Gawn ni ddod i mewn?"

"Ffordd hyn," meddwn i, gan arwain y tri heibio'r rhesaid hir o gwsmeriaid.

"Haia! Pawb yn iawn?" hola Zia wrth edrych ar Leila, Oli a Nia gyda'i llygaid craff. "*Tri* mynediad am ddim, ie?" meddai hi gan edrych arna i a'i hwyneb hi'n holi pam tri nid dau?

"Diolch, Zia," meddwn i'n frysiog, gan arwain y tri i mewn i'r sw yn reit handi cyn i Zia ddechrau holi.

"Mae Dad yn dod i'n nôl ni am dri felly well i ni ddechrau," meddai Leila wrth edrych o gwmpas fel petai hi'n meddwl bod bwystfil gwyllt am ei bwyta hi unrhyw eiliad.

"Gawn ni fynd i weld y llewod gynta?" hola Oli yn eiddgar. "Dwi'n meddwl y basa llew yn anifail da i ni ddewis. Dwi'n reit dda am wneud llun llew."

"Iawn, ffordd hyn." Dwi'n ein harwain ni draw at loc y llewod. Taran dwi'n ei gweld gyntaf, ac mae Oli wedi ei gweld hi hefyd.

"Waw!!! Edrychwch ar y llew yna!" Mae ei wyneb o'n disgleirio fel un plentyn bach.

"Llewes, Taran ydi ei henw hi." Mae Nia yn

gwthio ei gwyneb reit at y lloc fel plentyn bach hefyd, y cyffro yn dawnsio yn ei llygaid. Ond mae Leila wedi plethu ei breichiau ac yn edrych y ffordd arall, er bod Taran yn gorwedd ar ben craig yn agos iawn aton ni.

Erbyn i mi edrych eto mae Oli wedi estyn pad papur A3 o'i fag ac wedi eistedd ar lawr i ddechrau sgetsio, ei dafod yn sticio allan fymryn wrth iddo ganolbwyntio.

"Iawn, blantos? Pawb yn gweithio'n galed?"

Mae'r tri ohonon ni'n troi i weld Seb yn sefyll yno yn ei git pêl-droed mwdlyd a gwên fawr ar ei wyneb.

"Wel, Sara Mai, ti am fy nghyflwyno fi 'ta be?" O, grêt, mae Seb mewn hwyliau brawd mawr *annoying*. Perffaith.

"Dyma Seb, fy mrawd i. Dyma Oli, a ti'n nabod Nia." Mae Oli yn codi ei law cyn troi ei sylw'n ôl at ei waith, ac mae Nia yn gwenu a chodi llaw. "A dyma Leila."

Ym myd natur, pan mae anifail yn trio ffeindio partner mae'n aml iawn yn perfformio rhyw fath o ddefod. Un o'r rhai mwyaf diddorol ydi'r aderyn deildy, sydd yn gwneud cannwyll ei lygaid yn fawr ac yn fach, yna'n gwneud sŵn gyddfol rhyfedd, cyn dechrau chwifio ei adain fel matador yn chwifio clogyn coch o flaen tarw! Yn un o lyfrau Mali'r Milfeddyg wnes i ddysgu hyn.

A dwi'n dechrau dod i sylwi bod pobl hefyd yn gwneud defodau rhyfedd pan maen nhw'n gweld rhywun maen nhw'n ffansïo, a dwi'n *meddwl* mai dyna'n union dwi'n ei weld rŵan wrth i Leila edrych ar Seb. Mae hi'n lapio ei gwallt rownd a rownd ei bys, yn agor a chau ei llygaid ar wib, ac yn troi ei phen ar ei ochr fymryn, fel petai ganddi gric yn ei gwddw. Mae hi'n edrych yn hurt, ond mae Seb yn gwenu arni.

"Haia!"

"Bihafiwch 'ta! Paid â bwydo neb ohonyn nhw i Crystyn, Sara Mai!"

Wrth i Seb gerdded i ffwrdd mae Leila yn syllu ar ei ôl fel petai hi mewn breuddwyd.

"Dy frawd *di* ydi hwnna?"

"Pwy ydi Crystyn?" gofynna Oli, ei lygaid wedi hoelio ar Taran.

Dwi'n anwybyddu cwestiwn Leila ac yn ateb Oli.

"Crocodeil mwyaf y sw," a dwi'n gwenu wrth ddychmygu taflu Leila i mewn ato fo.

Mi aeth y diwrnod yn gyflym. Mi aethon ni i weld Talfryn, sydd bellach wedi derbyn bod yn rhaid iddo, fel jiráff, sefyll i fyny, ond sydd dal i ffafrio llusgo ei hun gerfydd ei bengliniau. Roedd pawb yn meddwl bod hyn yn ddoniol, hyd yn oed Leila. Roeddwn i'n iawn am y pengwiniaid, felly mi dreulion ni dipyn o amser yno gyda Nia a fi yn gwneud nodiadau, Oli yn sgetsio, a Leila yn chwarae ar ei ffôn neu'n edrych o gwmpas, fel petai'n gobeithio gweld Seb unrhyw eiliad. Wedyn aethon ni draw i weld Crystyn, ac yn olaf dyma ni'n dod at Llywelyn Fawr.

Roeddwn i'n gallu dweud nad oedd Oli yn barod i adael ond roedd tad Leila wedi ei ffonio hi i ddweud ei fod o'n aros wrth y giât.

"Ga i ddod eto, plis? I fi gael gorffen fy sgetsys yn iawn?"

"Ia, dwi'n meddwl bod angen dod eto. Tydan ni ddim wedi gwneud hanner digon o nodiadau heddiw," meddai Leila, yn awdurdodol, oedd yn reit ddigywilydd a chysidro ei bod hi heb sgwennu gair! Ond roedd o'n amlwg i bawb ohonon ni pam bod Leila eisiau dod yma eto. Rowliodd Nia ei llygaid arna i yn slei.

"Cewch, gewch chi ddod eto. Beth am ddydd Sadwrn nesa?"

"Grêt," meddai Nia. "Diolch, Sara Mai."

"Ia, diolch," meddai Oli, wrth ddal ei bapur arlunio yn dynn.

Ddywedodd Leila ddim byd, dim ond troi ar ei sowdl a gadael cwmwl o lwch ar ei hôl.

Ochneidiais. Ar y cyfan, roedd heddiw wedi mynd yn reit dda.

Rhedais adref i newid i fy nillad blêr er mwyn dechrau ar yr holl swyddi oedd yn aros amdana i, gyda sgyrsiau'r diwrnod a synau'r anifeiliaid yn llenwi fy mhen.

Y diwrnod mawr

Dwi wedi arfer deffro a chlywed pob math o synau. Weithiau y peth cyntaf fydda i'n ei glywed ben bore fydd un o'r llewod yn rhuo. Mae sŵn llew yn rhuo yn gallu cario hyd at bum milltir! Ac weithiau, os ydi'r gwynt yn chwythu i'r cyfeiriad iawn, mi fydda i'n clywed sgrechfeydd y mwncïod yn galw am eu brecwast.

Ond sŵn sydd ddim i'w glywed yn aml iawn yn ein tŷ ni ydi sŵn ffraeo. Ar y cyfan, mae pawb yn deall ei gilydd. Yndan, rydan ni'n anghytuno ac yn dadlau, a dwi'n gorfod gweiddi ar Seb weithiau, ac mae Mam a Dad yn dweud y drefn weithiau, ond dim ffraeo mawr. Ond dyna'r union sŵn oedd yn cario i fyny'r grisiau heddiw.

Dyma fi'n gorwedd ar fy mol ar lawr fy llofft a

rhoi fy nghlust ar y pren i drio clywed beth oedd yn cael ei ddweud, ond roedd y geiriau i gyd yn llifo i mewn i'w gilydd ac roedd hi'n anodd gwneud pen na chynffon o'r ffrae. Dyma fi'n gwisgo fy ngwisg ysgol yn reit handi ac yn paratoi fy hun i fynd i lawr y grisiau.

Ar y landin, roedd Seb yn sefyll yn gwrando. Dyma fo'n dal fy llygad ac yn gofyn cwestiwn gyda'i wyneb. Codi fy ysgwyddau wnes i. Dwn i ddim chwaith. Felly yn ara' bach dyma ni'n cerdded i lawr y grisiau ar flaenau'n traed er mwyn trio clywed mwy, ond cawsom ein bradychu gan y pumed gris sydd wastad yn gwichian, a dyma Mam a Dad yn tawelu.

"Dewch i lawr, chi'ch dau," meddai Dad.

A'r ddau ohonon ni'n aros am esboniad, roedd Mam a Dad yn ymddwyn fel petai dim byd wedi digwydd. Roedd Mam yn rhoi marmalêd ar ei thost a Dad yn stwffio papurau i mewn i'w fag gwaith.

"Wel?!" meddai Seb gan syllu arnyn nhw. "Be ddiawl sy'n bod? Pam bo' chi'n gweiddi gymaint?"

"Paid â dweud 'diawl'," meddai Dad, sydd yn dweud 'diawl' ei hun yn aml iawn.

"O dim byd, 'sti," meddai Mam, wrth gnoi ar ei thost a fflicio trwy'r post. "Dim byd. Tyrd i gael brecwast."

Mae Seb yn edrych arna i, ond does gen i ddim amser i feddwl am hyn heddiw. Heddiw ydi diwrnod cyflwyno'r prosiect i'r dosbarth! Dwi methu coelio bod y diwrnod wedi dod mor gyflym; mae'r tair wythnos diwethaf wedi hedfan heibio, ac mae'n rhaid i mi gyfaddef 'mod i wedi cael hwyl.

Daeth Oli, Nia a Leila i'r sw ddwy waith wedyn, unwaith ar ddydd Sadwrn ac unwaith ar nos Iau ar ôl yr ysgol. A thra bod Leila yn brysur yn edrych yn ddel ac yn trio sgwrsio efo Seb, fues i'n dysgu mwy i Oli a Nia am yr holl anifeiliaid. Mae gan Oli ddiddordeb mawr yn yr anifeiliaid, ac mae ei luniau fo'n dda iawn, chwarae teg. Sgetsio gyda phensel mae o, dim lliw na dim, ond maen nhw'n lluniau da. Mae o'n llwyddo i ddal rhywbeth am natur yr anifail bob tro.

Mi fues i'n dangos iddyn nhw sut ydan ni'n

glanhau llociau'r anifeiliaid, a phenderfynu anwybyddu Leila pan ddwedodd hi dan ei gwynt, "Does 'na'm syndod ei bod hi'n drewi." Ond roedd Oli wrth ei fodd ac eisiau helpu yn syth. Ac mi gawson nhw fy helpu i fwydo'r morloi, y pengwiniaid a'r wartogiaid.

Yn y llyfryn A3 roedden ni wedi penderfynu cynnwys nodiadau cyffredinol am bob anifail, ffeithiau ffantastig, llun mawr du a gwyn o bob un, a phytiau o ddyddiaduron gen i am fywyd yr anifail yna yn y sw. Fi, Oli a Nia oedd wedi gwneud y rhan fwyaf o'r gwaith. Y cwbl wnaeth Leila oedd copïo lot o'r testun allan yn y llyfryn A3 terfynol gan mai hi sydd â'r llawysgrifen daclusaf ohonon ni, ac mae ganddi lot o feiros ffansi i ysgrifennu ym mhob lliw.

Heddiw oedd diwrnod cyflwyno'r prosiect, ac roedd Mr Parri wedi dweud bod yn rhaid i ni gyflwyno'r prosiect i'r dosbarth cyfan, nid yn unig rhoi'r gwaith iddo fo. Felly, roedd y pedwar ohonon ni wedi aros i mewn yn ystod amser cinio ddoe i drefnu pwy oedd yn dweud beth. Roedd Leila wedi cymryd diddordeb mawr yn hyn ac eisiau cael cyflwyno'r darnau gorau i gyd, er mai hi oedd wedi gwneud y lleiaf o'r gwaith ac er mai fi oedd yr arweinydd! Ond doedd dim ots gen i go iawn – roeddwn i'n ddigon bodlon iddi hi wneud mwy o'r gwaith siarad. Felly Leila oedd yn agor ac yn cloi gan gyflwyno Taran y llewes a Llywelyn Fawr, ac mi fyddwn i, Oli a Nia yn cyflwyno un anifail yr un yn y canol.

Ar y bws ar y ffordd i'r ysgol roedd fy mol i'n troi fel peiriant golchi. Roeddwn i'n nerfus ond hefyd yn edrych ymlaen, a doedd hwnnw ddim yn deimlad roeddwn i wedi ei gael ar y ffordd i'r ysgol ers talwm iawn.

Roedd Oli'n aros amdana i pan ddes i oddi ar y bws.

"Iawn? Barod amdani?"

Un o'r pethau ro'n i wedi dod i licio am Oli oedd nad oedd unrhyw ots ganddo beth oedd neb yn ei feddwl ohono. Doedd o ddim yn gwneud pethau i blesio pobl eraill nac i fod yn cŵl, ond yn gwneud beth oedd o eisiau ei wneud. Ar ddechrau'r prosiect roedd Jackson ac Alffi wedi bod yn herio Oli am ei fod o'n gorfod gweithio efo tair o ferched, a'i fod o'n dod i'r sw ar ddydd Sadwrn yn lle chwarae pêl-droed (sy'n ddweud mawr achos mae Oli yn caru pêl-droed, ac unwaith roedd o a Seb yn dechrau siarad am bêl-droed doedd yna ddim stop arnyn nhw). Ond y cwbl wnaeth Oli oedd dweud yn reit swta: "Mae'r sw yn hollol cŵl. Ydach chi erioed wedi bod yna? Dwi'n meddwl bod bwydo llew yn rhywbeth eitha cŵl i'w wneud ar brynhawn dydd Sadwrn."

Doedd gan Jackson ac Alffi ddim ateb i hynna! A wnes i ddim difetha'r hud wrth ddweud mai morloi roedden ni wedi bod yn eu bwydo, nid llewod. A dyna ni, roedd yr herio drosodd. Mi faswn i'n hoffi cael chwarter yr hyder sydd gan Oli.

"Yndw, dwi'n meddwl," meddwn i. "Be amdanat ti?"

"Yndw, fyddwn ni'n iawn, 'sti. Mae Lady Leila yn siŵr o gamu i mewn os ydan ni'n mynd yn styc! Fydd hi ddim isio edrych yn wirion o flaen y dosbarth," meddai gyda gwên ddireidus.

Dyna roedd Oli wedi dechrau galw Leila, ond dim ond pan oedd o'n siarad efo fi. Doedd o ddim yn ei galw hi'n Lady Leila o flaen Nia.

"Gwych, difyr iawn. Diolch, Cerys, Alys, Kyle a Seth, da iawn wir. Pwy feddyliai ei bod hi'n anghyfreithlon mynd â llew i'r sinema yn Baltimore yn America!" meddai Mr Parri, a chwarddodd pawb eto.

Roedd eu cyflwyniad nhw yn wych. Roedden nhw wedi penderfynu ffeindio ffeithiau rhyfedd a doniol am anifeiliaid o bob rhan o'r byd ac roedden nhw wedi gwneud i'r dosbarth i gyd chwerthin. Erbyn hyn roedd fy mol i'n gwneud tin-dros-ben. Ni oedd nesaf.

"Iawn. Nesaf, rhowch groeso i Nia, Oli, Leila a Sara Mai!"

Dyma pawb yn clapio wrth i ni gerdded i flaen y dosbarth. Dyma Oli, Nia a fi yn dal y llyfryn i fyny i bawb gael gweld sgets Oli o'r llewes a dyma Leila yn dechrau ar ei pherfformiad. A wir yr, mi aeth yr amser mor, mor gyflym. Unwaith roedden ni wedi dechrau 'nes i bron ag anghofio bod y dosbarth i gyd yn edrych ac yn gwrando, a jyst mwynhau siarad am fy hoff beth yn y byd – anifeiliaid.

Ar y diwedd dyma pawb yn y dosbarth yn rhoi cymeradwyaeth i ni, yn arbennig Mr Parri.

"Wel wir, gwaith ardderchog, chi'ch pedwar! Roeddwn i wedi amau y byddai hwn yn bwnc fyddai'n apelio at rai ohonoch chi yn y grŵp yma, ac yn amlwg mi oeddwn i yn llygad fy lle. Gwerth chweil, da iawn chi wir!"

Llenwodd fy stumog efo aer poeth a hedfan allan, i fyny trwy fy ngwddw ac i'r awyr.

"Ffeithiau difyr, cyffyrddiadau gwahanol fel y dyddiadur, a darluniau arbennig iawn gan Oli."

Trois i edrych ar Oli a dyma fo'n gwenu'n hapus, ac yn codi bawd arna i, er ei fod o'n eistedd rhwng Jackson ac Alffi eto, rŵan bod y prosiect wedi gorffen.

Ar y bws ar y ffordd adref roedd y wên yn dal ar fy wyneb. Dyma fi'n stwffio fy llaw i mewn i fy mag i chwilio am lyfr Mali'r Milfeddyg a theimlo rhywbeth arall yno. Estynnais amdano a gweld mai tamaid o bapur oedd o wedi ei rowlio fel sgrôl a'i ddal gan damaid bach o dâp selo. Agorais o'n ofalus; roeddwn i methu credu fy llygaid.

Ar y papur roedd llun anhygoel o'n sw ni, Sw Halibalŵ, gyda'r prif giatiau a phob anifail i'w gweld tu hwnt i'r giatiau yn un haid; sebras, llewod, mwncïod, eliffantod, eirth, pandas, fflamingos, cathod mawr, lemyriaid, jiráffod (un ohonynt ar ei liniau), a chlamp o arth fawr. Ac yn y canol, rhwng y giatiau, roedd llun o ferch ifanc yn sefyll a'i breichiau yn yr awyr, fel petai'n dweud 'dyma fy sw i!'. Fi oedd hi. Fi.

Ar y gwaelod roedd dwy lythyren fach. O.P. Oli Pugh.

Pop!

*T*air miliwn o flynyddoedd yn ôl roedd cangarŵs ddwywaith y maint ydyn nhw rŵan; cewri'r cangarŵs oedd eu henwau nhw. Ac 11,000 o flynyddoedd yn ôl, roedd diogyn (sef yr enw Cymraeg am *sloth*) yn arfer bod ddeg gwaith yn fwy nag ydi o rŵan. Roedden nhw tua 2.5 metr o uchder, a 6 metr o hyd!

Dwi ddim yn hollol siŵr sut dwi'n teimlo am hyn i gyd, a dweud y gwir. Mae'n fy ngwneud i'n drist bod llawer o'r anifeiliaid enfawr wedi diflannu o'r tir, ond eto faswn i ddim yn ffansïo cael afanc 2.5 metr o hyd yn rhedeg ar fy ôl i chwaith.

Hel meddyliau fel hyn oeddwn i yn lle gwneud y gwaith Saesneg roedd Mr Parri wedi ei osod i ni. Roedd o braidd yn anodd, ac ro'n i wedi blino. Roedd Mam a Dad wedi bod yn ffraeo eto'r noson cynt, ac er eu bod nhw'n trio sibrwd roeddwn i'n dal yn gallu eu clywed nhw, ac wedyn methu cysgu. Beth sy'n bod? A pham eu bod nhw'n gwrthod dweud wrth Seb a fi? Dwi'n gwybod bod Dad wedi dweud eu bod nhw wedi cael bil mawr annisgwyl ond mae'r sw yn brysur a busnes yn mynd yn dda, yn enwedig ers i Llywelyn Fawr a Talfryn gyrraedd. Felly beth sydd yn bod?

Canodd cloch yr ysgol ac es i'n syth allan, yn falch o'r cyfle i gael ychydig o awyr iach. Wrth i mi estyn am ddolen drws yr ysgol teimlais gnoc galed ar fy ysgwydd a dyma fi'n baglu ac yn taro'r wal.

"Wps, sori, 'nes i'm dy weld di'n fan'na, ro'n i'n meddwl mai cysgod oeddet ti." Ac i ffwrdd â hi heibio gyda chriw o genod o'i chwmpas hi, pob un yn piffian chwerthin. A Nia yn eu canol. Trodd Nia i edrych arna i, ac er bod ei llygaid hi'n dweud sori, wnaeth hi ddim stopio i weld a o'n i'n iawn.

Allwn i ddim coelio'r peth. Dyna ni? Oedd y swyn wedi dod i ben yn barod? Roedd Leila wedi gadael llonydd i mi tra oedden ni'n gweithio ar y prosiect, ond yn syth wedyn, oedd hi'n ôl i'w hen ffyrdd?

Ella ddim, meddwn i wrth fy hun. Ella 'mod i wedi camglywed. Does yna ddim pwynt panicio. Ond i'r toilet es i, i ddarllen am Mali'r Milfeddyg eto tan i'r gloch ganu, a gallwn deimlo fy malŵn aer poeth yn suddo'n araf.

Ar ôl gwers fathemateg hirfaith, roedd hi'n amser cinio o'r diwedd, ac es i mewn i'r neuadd a gweld Nia a Gwen yn eistedd gyda'i gilydd. Doedd dim golwg o Leila. Dyma fi'n tynnu anadl ddofn ac yn mynd draw atyn nhw; roedd yn rhaid i mi gael gwybod.

"Heia, ga' i eistedd yn fama?" Edrychodd Gwen arna i fel taswn i'n lwmpyn o faw camel.

"Ym, na, dwi ddim yn meddwl," meddai, cyn troi yn ôl at Nia a chario 'mlaen i siarad.

Beth ar wyneb y ddaear sydd wedi digwydd? Pam bod pawb yn fy nghasáu i mwyaf sydyn? Dwi'n dal i sefyll yno am eiliad yn aros i Nia ddweud rhywbeth ond tydi hi'n dweud dim byd; mae'n cario mlaen i sgwrsio gyda Gwen fel petawn i'n anweledig.

Dwi'n gwybod ei fod o'n afiach i fwyta mewn tŷ bach ond doedd gen i ddim dewis. A tydi brechdanau menyn cnau ddim hanner cystal gyda dagrau ynddyn nhw chwaith.

Roeddwn i mor falch o glywed y gloch olaf yn canu. Weles i erioed ddiwrnod mor hir yn fy mywyd.

Ar ôl camu oddi ar y bws ges i sioc arall wrth weld arwydd yn dweud bod y sw wedi gorfod cau yn gynnar. Pam ar wyneb y ddaear? Tydi'r sw byth yn cau yn gynnar. Be sy'n mynd ymlaen heddiw?! Taflais fy mag dros fy ysgwydd a rhedeg nerth fy nhraed.

Doedd dim golwg o Zia wrth y dderbynfa, ac allwn i ddim gweld Mam na James yn unman chwaith. Beth oedd wedi digwydd? Dechreuodd fy nghalon guro fel adenydd aderyn bach y si wrth i mi ddychmygu pob math o bethau. Yna sylwais fod golau ymlaen yn y tŷ; mae'n rhaid mai dyna lle mae pawb! I ffwrdd â fi fel y gwynt, a lluchio'r drws led y pen ar agor.

"Blincin ec, ti'n iawn, blod?" holodd Zia oedd yn eistedd wrth fwrdd y gegin. *"Breathe man, breathe!"*

Ceisiais gael fy ngwynt ataf wrth edrych o

gwmpas y gegin. Dyna lle'r oedd Mam, Dad, Zia, James, Seb a tri neu bedwar o weithwyr eraill y sw, i gyd yn sefyll neu'n eistedd yn yfed te a golwg ddigalon iawn arnyn nhw.

"Be sy'n mynd ymlaen? Pam mae'r sw wedi cau'n gynnar? Oes rhywbeth wedi digwydd? Ydi pawb yn iawn? Llywelyn Fawr? Talfryn?"

"Eistedd, cyw," meddai Mam, wrth ystumio i Seb a James i symud i wneud lle i mi. "Mae pawb yn iawn. Eistedd yn fan'na am eiliad i gael dy wynt atat."

"Mae'n iawn, bach," meddai James. Ond roedd ei wyneb yn dweud stori wahanol. Ac roedd Seb yn dawel, sy'n dweud lot.

"Dyna DDIGON!" gwaeddais dros bob man. "Dwi wedi cael llond bol ar bawb yn fy nhrin i fel babi!" Doedd gen i ddim amynedd efo hyn ar ôl y diwrnod ro'n i wedi ei gael. Sefais ar fy nhraed a sythu fy nghefn fel mirgath. "Dwedwch wrtha i be sy'n bod, yr eiliad hon!"

Roedd pawb yn dawel ac yn edrych ar ei gilydd, ond yna o'r diwedd dechreuodd Dad siarad.

"Mae yna bobl isio cau'r sw," medda fo, mewn

llais tawel. Teimlais fy nghoesau yn dechrau crynu felly eisteddais eto rhwng James a Seb.

"Mae yna ddyn busnes cyfoethog iawn wedi dod i'r ardal, ac mae o wedi rhoi cais i mewn i'r Cyngor i gau'r sw, ac agor canolfan siopau anferthol ar y safle."

"Be?" meddwn i, yn methu credu fy nghlustiau.

"Mae o'n amlwg wedi bod yn brysur hefyd," meddai Dad, gan ysgwyd pentwr o bapurau yn ei law. "Achos mae'r Cyngor wedi derbyn llawer o gwynion am y sw, mae'n debyg, a hynny yn y chwe mis diwethaf. Sy'n gyfleus iawn ac yntau isio'n cau ni lawr."

Erbyn hyn mae Dad wedi codi ei lais ac yn taro ei ddwrn yn drwm yn erbyn bwrdd y gegin, gan wneud i Zia neidio. Tydi Dad byth bron yn codi ei lais, nac yn dangos cymaint â hyn o ddiddordeb yn y sw. Mae'n rhaid bod hyn yn ddifrifol.

"Ond fedran nhw ddim cau'r sw, siŵr!" Dwi'n edrych o gwmpas ar bawb a'u wynebau mud. "Mae'r sw yma ers blynyddoedd a blynyddoedd! Ac mae hen ddigon o siopau yn y dre. Pam bod angen canolfan siopau arall? Ac mae'r bobl leol wrth eu boddau efo'r sw! Am be maen nhw'n cwyno?"

"Llygredd sŵn, drewdod cyffredinol, creulondeb i anifeiliaid..." mae Dad yn rhoi pob llythyr ar y bwrdd gyda bang wrth fynd trwy'r cwynion. "Diffyg iechyd a diogelwch, diffyg parch at anifeiliaid..."

"BETH?! Ond ni sy'n gofalu amdanyn nhw! Mae llawer o'r anifeiliaid yma oherwydd nad ydi hi'n saff iddyn nhw fod yn eu cynefin naturiol ddim mwy. A rydan ni'n rhoi'r gofal gorau un iddyn nhw yma!" Mi fedra i deimlo fy ngwaed yn berwi.

"Dwi'n gwybod, cyw," meddai Mam, wrth afael yn fy llaw i a 'nhynnu fi'n ôl i eistedd i lawr. "Rydan ni i gyd yn gwybod. Ond o orfod wynebu dyn busnes cyfoethog iawn sydd â llawer iawn o driciau i fyny ei lawes a llawer o ffrindiau yn y llefydd iawn, wel, mae'n anodd gweld..."

"Be, ydych chi wedi rhoi'r ffidil yn y to yn barod?!" Dwi'n syllu am Mam mewn anghrediniaeth. "Mam, fedri di ddim! Dad! Seb! James! Zia! Mae'n rhaid i ni gwffio! Mae'n rhaid i ni ddangos bod y cwynion yma'n ffug. Fedrith o ddim bod yn gyd-ddigwyddiad bod yr holl lythyrau wedi dod mewn chwe mis, a bron iawn dim un cyn hynny. Mae'n rhaid bod yna ffordd o brofi..."

"Wn i ddim, Sar," meddai Dad, wrth roi'r teciall i ferwi eto, fel petai paned yn gallu datrys popeth. "Roedd dy fam a finnau wedi amau efallai bod 'na rywbeth ar y gweill wrth i ni gael llythyrau gan y Cyngor am ragor a rhagor o gwynion, ond doedden ni ddim wedi disgwyl hyn."

"Beth yw amserlen hyn i gyd?" holodd James yn sydyn, ei het bompom goch yn ei ddwylo am unwaith a'i gyrls gwyllt wedi dianc. "Smo nhw'n gallu cau ni lawr fory nesa, y'n nhw? Mae'n rhaid bod ymgynghoriad a... wel smo i'n gwbod, sai'n deall y pethe 'ma, ond mae'n rhaid bod rhyw broses..."

"Chwe mis," meddai Dad, wrth droi ei gefn at y stafell ac estyn am y bagiau te. "Chwe mis."

A gyda'r geiriau yna, teimlais fy malŵn aer poeth yn byrstio gyda phop. Roedd y rheinoserws yn ei ôl.

Beth nesaf?

A r ôl y newyddion am y posibilrwydd o gau'r sw aeth popeth yn slwtsh tu mewn i mi. Doedd dim ots gen i hyd yn oed am Leila a'i geiriau cas yn yr ysgol erbyn hyn; o gymharu â'r syniad o golli'r sw doedd hynny'n ddim byd. Dwi wedi goroesi ar ben fy hun am ddigon hir, mi fedra i wneud eto. Mi fedra i fyw heb ffrindiau. Ond y sw ydi'r unig gartref dwi wedi ei gael erioed. Dyna'r unig le yn yr holl fyd dwi'n teimlo'n saff, ac yn teimlo y galla i fod yn fi fy hun. Heb y sw tydw i ddim yn gwybod pwy ydw i.

Roedd yr wythnos yn llusgo heibio fel diogyn llwyd, a phob diwrnod yn llifo i'w gilydd yn un smonach o fathemateg a Saesneg a geiriau sbeitlyd. Ar ôl cyrraedd adref bob diwrnod mi fyddwn i'n

mynd yn syth at y mirgathod, i hel mwytha ac
i chwarae efo nhw. Hynny oedd fy unig gysur,
ond hyd yn oed wedyn roeddwn i'n drist wrth
chwarae efo nhw, achos fedrwn i ddim peidio
meddwl efallai y bydd y cwbl wedi mynd mewn
mater o fisoedd. Y mirgathod, Talfryn, Llywelyn
Fawr, James, Zia – y cwbl. Pawb.

Roeddwn i'n syllu ar y cloc gan geisio defnyddio
pwerau fy ymennydd i wneud i'r amser fynd yn
gynt pan glywais Cybi o'r bwrdd drws nesa yn
dweud, "Psssst" a phasio tamaid o bapur i mi.

Cymerais gip ar Mr Parri cyn agor y papur ac
edrych ar y nodyn gan ddal fy ngwynt, yn disgwyl
gweld geiriau cas, ond y cwbl oedd ar y papur
oedd:

Plis ga i ddod i'r sw fory
(dydd Sadwrn) ((am ddim))? OP

Edrychais draw ar Oli ond roedd o i'w weld yn
brysur wrth ei waith. Rhwygais gornel o dudalen
a meddwl am ateb. Doeddwn i ddim yn teimlo fel
gweld neb ar y penwythnos, ond eto, efallai mai
dim ond eisiau dod i'r sw ar ei ben ei hun mae o,
meddyliais, i sgetsio. Ac roedd o wedi bod yn glên

efo fi, a fo oedd un o'r ychydig bobl yn y dosbarth oedd ddim wedi troi yn fy erbyn i.

Gafaelais yn fy mhensel a sgwennu,

Cei. 11am. SM

cyn pasio'r nodyn yn ôl at Cybi.

Ar ôl cyrraedd adref y noson honno es i'n syth i weld Llywelyn Fawr. Roedd o'n gorweddian ar ei gefn yn taflu brigyn yn yr aer. Roedd o'n edrych yn hapus ac yn fodlon ei fyd. Meddyliais am goedwigoedd yr Andes yn cael eu torri a'u llosgi, y tir yn cael ei gloddio a'i droi nes ei fod yn sych ac yn grimp.

"Tybed beth fasat ti'n dweud wrtha i, Llywelyn Fawr, tasat ti'n gallu siarad?"

Ar y gair dyma'r arth yn troi ac yn edrych yn syth i fy llygaid i, fel petai wedi deall pob gair. Edrychais ar y wyneb nerthol a cheisio ei ddarllen. Dwi'n dda am ddarllen wynebau fel arfer.

"Brwydro? Ti'n meddwl bod angen i ni frwydro?"

Edrychodd yr arth yn syth ata i. Yn syth i mewn i fy llygaid i.

"Ond mae Mam a Dad yn gwneud i'r holl

beth swnio'n amhosib, ein bod ni wedi colli yn barod."

Ar hynny, cododd Llywelyn Fawr ei goesau ôl, codi ei ddwy bawen flaen i'r awyr a rhuo nerth ei ysgyfaint nes 'mod i wedi cymryd cam yn ôl mewn braw.

"Iawn," meddwn i wrtho ar ôl iddo orffen rhuo, gan deimlo rhywbeth yn styfnigo tu mewn i mi. "Iawn, Llywelyn Fawr. Dwi'n rhoi fy ngair i ti."

Y noson honno mi sglaffiais i'r pitsa ham a chaws yn gynt na Seb hyd yn oed, cyn diflannu i fy llofft. Doedd yna ddim hwyliau da iawn ar neb felly doeddwn i ddim yn awyddus i aros yn eu canol nhw, ond hefyd roedd gen i waith ymchwil i'w wneud; mae'n amser cynllunio.

Y peth cyntaf ydi chwilio am gyngor. Beth fyddai Mali'r Milfeddyg yn ei wneud yn y sefyllfa hon?

Fe dreuliais i'r noson gyfan yn swatio yn fy mhabell gyda'r fflachlamp ar fy nhaclen yn fflicio trwy bob llyfr Mali'r Milfeddyg sydd gen i yn chwilio am

gyngor ac am gliwiau, gan wneud nodiadau mewn llyfryn bach wrth fynd. Mae'n rhaid bod yr ateb yma yn rhywle.

Cefais fy neffro gan Mam yn fy ysgwyd yn ysgafn.

"Sara, est ti i gysgu yn dy babell, tyrd i dy wely." Ac wrth hanner dringo i mewn i fy ngwely'n gysglyd gwelais ei bod hi'n un o'r gloch y bore! Mae'n rhaid fy mod i wedi darllen am oriau ac oriau! Wedi i fy mhen gyffwrdd y gobennydd roeddwn i'n cysgu'n sownd.

Y bore wedyn fe es i o gwmpas fy ngwaith fel arfer, gan fynd â brecwast i'r mwncïod, yr eliffantod a'r mongŵs, cyn mynd i gael golwg ar y lemyriaid du ar ôl i James sôn bod un wedi bod yn edrych yn reit ddigalon yn ddiweddar. Mi arhosais i ger y lloc am amser hir ond methais weld yr un lemwr oedd yn edrych yn ddigalon. Efallai mai cael diwrnod gwael oedd o pan welodd o James.

Yn sydyn cefais gip y cloc... un ar ddeg... un ar ddeg, beth sy'n digwydd am un ar ddeg? O! Oli! Ro'n i wedi anghofio popeth!

Gollyngais fy mwced a rhedeg i ben arall y sw;

roeddwn i mor bell ag y medrwn fod o'r dderbynfa a doeddwn i ddim eisiau i Oli feddwl 'mod i wedi anghofio amdano, er 'mod i wedi go iawn!

Cyrhaeddais o'r diwedd, wedi colli 'ngwynt yn lân, a dyna lle'r oedd Oli yn eistedd ar ochr y ffordd yn sgetsio'r ciw oedd yn aros yn amyneddgar i gael mynd i mewn i'r sw. Arhosais am eiliad i gael fy ngwynt ataf a'i wylio yn sgetsio, cyn cerdded draw.

"Hei, llun da!" meddwn i, wrth gael cip dros ei ysgwydd.

"O diolch, ym, ti'n iawn? Ti'n edrych braidd yn…"

"O yndw, sori, dwi newydd redeg o ben arall y sw."

"Ac mae gen ti bw eliffant ar dy dalcen."

"Be? Go iawn?!" Dwi'n rwbio fy nhalcen yn wyllt ond fedra i ddim teimlo dim byd.

"Jôc!" meddai Oli, gan stwffio'i papur arlunio yn ôl i'w fag.

"O, ha-ha, doniol iawn."

Dwi'n cerdded at y fynedfa ac mae Oli yn fy nilyn.

"Haia, Zia," meddai Oli wrth i ni basio Zia, a dwi'n synnu ei fod o'n cofio ei henw hi.

"Haia, blod," meddai Zia, heb ei sbarc arferol.

"Ydi hi'n iawn?" gofynna Oli yn dawel ar ôl i ni basio. Dwi'n meddwl beth ddylwn i ei ddweud. Wel, tydi o ddim yn gyfrinach. Ac mi fyddai'n braf cael sgwrsio efo rhywun arall am y peth.

"Mae pawb braidd yn fflat ar hyn o bryd, a dweud y gwir… Rydan ni wedi cael newyddion drwg."

"Newyddion drwg?" Mae Oli'n edrych yn boenus. "Ydi pawb yn iawn? Ydi Taran a Talfryn a Llewelyn Fawr yn iawn?"

Dwi'n teimlo rhyw dynfa od yn fy stumog wrth glywed Oli yn enwi'n hanifeiliaid ni.

"Yndyn, maen nhw i gyd yn iawn, ar hyn o bryd."

"Ar hyn o bryd? Be ti'n feddwl?"

Ac wrth i ni gyrraedd lloc Taran dyma ni'n dau yn eistedd i lawr a dyma fi'n esbonio'r cwbl.

Mae Oli'n dawel ac yn edrych ar Taran.

"Cau'r sw? Fedrwn ni ddim gadael i hynny ddigwydd," meddai, fel petai hynny'n ffaith a dyna ddiwedd arni. Cyn ychwanegu, "Ti'n gwybod pwy ydi o, dwyt? Y dyn busnes?"

Doeddwn i ddim wedi disgwyl hyn, ac edrychaf yn syn ar Oli.

"Nac ydw. Ydw i fod i wybod pwy ydi o?"

"Wedi clywed Mam a'i ffrindiau yn siarad amdano fo ydw i. Mae un o ffrindiau Mam yn ffrindiau efo'i wraig o, ac roedd hi wedi bod yn brolio bod ei gŵr hi am agor canolfan siopa newydd ond 'nes i ddim gwneud y cysylltiad tan rŵan..." meddai Oli, gan rwbio ei wallt ac edrych ar y llawr mewn cywilydd.

Mae pawb yn gwybod bod tad Oli wedi gadael ers talwm ac mai dim ond y fo a'i fam sydd ar ôl yn eu teulu nhw. Mae'n siŵr bod ein teulu ni a James a Zia a holl weithwyr eraill y sw, heb sôn am yr anifeiliaid, yn fywyd reit wahanol i fywyd Oli. Efallai mai dyna pam ei fod o'n hoffi dod yma.

"Michael Hughes...Ta—"

"TAD LEILA?!"

Mae llygaid Oli fel soseri wrth i mi weiddi, ac mae o'n dechrau chwerthin.

"Ia, *chill*! Tad Leila."

"*CHILL*?!"

Mwya sydyn mae popeth yn ormod. Fedra i ddim credu'r hyn dwi newydd glywed. Nid yn unig bod Leila wedi bod yn gwneud fy mywyd i'n boen yn yr ysgol am y chwe mis diwethaf, ond rŵan dwi'n dod i wybod mai ei thad hi sydd yn gyfrifol am y broblem enfawr yma hefyd!

Mae'r cyfan yn disgyn i'w le mwya sydyn…

Y car crand du â'i ffenestri tywyll…

Leila yn cael gwesi gymnasteg preifat a wastad yn talu dros ei ffrindiau…

Dad yn sôn bod Michael Hughes yn siarp fel pupur…

"Dad!"

"Be?" Mae Oli wedi 'ngholli fi erbyn hyn ond dwi'n sylweddoli bod yn rhaid i ni roi gwybod i Dad mai Michael Hughes sydd wrth wraidd hyn i gyd.

"Tyrd!" Dwi'n dechrau rhedeg am y tŷ ac mae Oli yn brasgamu ar fy ôl i.

Dwi'n taflu'r drws ar agor led y pen ac yn dychryn Dad nes ei fod o'n troi ei goffi dros ei drowsus.

"O, blincin hec, Sara Mai! Rwyt ti fel corwynt

o gwmpas y lle 'ma! Wnei di plis... O helô! Oli ia? Helô, sut wyt ti? Tyrd i mewn!"

Rydw i ac Oli yn rhannu gwên sydyn wrth i Dad geisio sychu'r coffi oddi ar ei drowsus cyn i mi gofio pam ein bod ni wedi rhedeg yn wyllt i'r ty yn y lle cyntaf.

"Dad, dwi angen dweud rhywbeth wrthat ti. Mae'n well i ti eistedd i lawr."

"Wel, mi oeddwn i'n eistedd i lawr cyn i ti redeg i mewn fel mellten! Be sy, Sar? Ydi popeth yn iawn?"

"Nac ydi, Dad. Wyddost ti'r dyn busnas 'ma, yr un sydd tu ôl i'r cynllun i godi canolfan siopa..."

"Ia?" Mae Dad yn edrych yn syn arna i.

"Michael Hughes ydi o, Dad. Michael Hughes ti'n chwarae cardiau efo fo. Tad Leila." Dwi mor flin erbyn hyn dwi'n hanner poeri'r enw Leila.

Dwi'n gweld ar wyneb Dad bod hyn yn newyddion iddo. Mae o'n llonyddu, ac yn araf bach yn gosod ei gwpan goffi ar y bwrdd.

"Michael... sut wyt ti'n gwybod?"

"Ym, Mam, wel mae ffrind Mam yn ffrindiau efo gwraig Michael Hughes," meddai Oli, "a hi oedd wedi bod yn brolio bod ei gŵr hi am agor canolfan siopa newydd ar gyrion y dref."

"Dad," meddwn i wedyn yn dawel, "mae'n rhaid i ni frwydro. Fedrwn ni ddim eistedd o gwmpas yn yfed coffi ac yn gobeithio y bydd hyn i gyd yn diflannu. Mae angen cynllun. Achos os ydi Michael Hughes hanner mor dan din â'i ferch, yna'n sicr mi fydd ganddo fo chwip o gynllun. A fedrwn ni ddim gadael iddo ennill. Fedrwn ni ddim. Fedrwn ni ddim cau'r sw, a dyna ddiwedd arni."

Mae Oli a Dad yn syllu arna i, a dwi'n synhwyro mwya sydyn bod rhywun y tu ôl i mi ac ar ôl troi dwi'n gweld bod Mam a Seb yn sefyll yno hefyd.

Dwi'n edrych o fy nghwmpas cyn gofyn: "Pwy sydd efo fi?" Ac mae'r ateb yn amlwg ar eu hwynebau nhw i gyd.

Y cynllun a'r celwydd

Mi rannodd Oli gyfrinach arall efo fi'r diwrnod hwnnw, rhywbeth oedd yn esbonio popeth; yn esbonio pam fod pawb ym Mlwyddyn 5 wedi troi yn fy erbyn i.

"Roedd o'n amlwg bod Leila ddim yn licio mai chdi oedd wedi arwain ar y prosiect anifeiliaid," meddai Oli, wrth i ni gerdded draw at Llywelyn Fawr i drio meddwl am syniadau, "felly, ar ôl y cyflwyniad, mi ddechreuodd hi ddweud pethau."

"Pethau? Pa fath o bethau?"

"Roedd hi'n dweud wrth bawb dy fod ti'n cael hwyl am eu pennau nhw yn y sw, yn cymharu pawb â gwahanol anifeiliaid... bod Jackson yn edrach fel jiráff, Alys yn edrych fel orangwtang, Nia fel porciwpein, Gwen fel gorila…"

Dwi'n cael fflach o gofio'r olwg ar wyneb Gwen pan ofynnais i am gael eistedd efo hi a Nia i fwyta cinio.

"Ond tydw i heb, faswn i byth…"

"Dwi'n gwybod. 'Nes i drio dweud wrth pawb, 'sti. Ond ti'n gwybod sut ma Leila…"

Dwi'n syllu ar Llywelyn Fawr, a'r eiliad honno dwi mor genfigennus ohono. Tydi o ddim yn gorfod ymdopi efo unrhyw lol fel hyn, efo pobl yn dweud celwydd ac yn creu straeon. Ond hefyd dwi'n teimlo'n well; o leiaf fy mod i'n gwybod rŵan. Rywsut, peidio gwybod beth oeddwn i wedi ei wneud i bawb oedd y rhan waethaf un.

"Sara Mai, mae'n rhaid i ni achub y sw." Mae Oli wedi eistedd fel teiliwr a dechrau sgetsio.

"Dwi'n gwybod…" meddwn i. "Ond sut?"

"Mae'n iawn i rywun fel Leila," meddai Oli mwya sydyn. "Pan mae hi'n tyfu i fyny mi geith hi wneud unrhyw beth dan haul. Os ydi hi am fod yn gymnast byd-enwog, mae hi'n siwr o lwyddo, neu isio crwydro'r byd, mi geith hi wneud hynny. Os oes gen ti bres mae gen ti ffordd o wneud unrhyw beth. Ond i rywun fel fi, sydd am fod yn styc yn y dref yma am byth, mae'r sw… wel, mae'n gip ar y byd. Mae'n ffordd o ddianc o'r byd go iawn am dipyn bach… Mae'n gwneud pobl yn hapus."

Wrth edrych ar wyneb Oli dwi'n meddwl am yr holl blant sydd yn gwirioni ar eu trip cyntaf i'r sw, pob gwich o gyffro, pob bys yn pwyntio.

"Ond mae yna fwy na hynny i'r sw hefyd," meddwn i, wrth wylio dwylo Oli yn creu Llywelyn Fawr ar y papur o'n blaenau ni. "Rydan ni'n rhoi cartref braf a diogel i anifeiliaid sydd wedi cael eu camdrin.

"Roedd Taran mewn syrcas cyn iddi ddod yma, yn cael bywyd ofnadwy. Daeth Peredur y python o gartref teulu oedd wedi meddwl y byddai'n hwyl cael neidr ond heb unrhyw syniad sut i edrych ar ei ôl. Pan ddechreuodd o dyfu'n fwy ac yn fwy dyma nhw'n panicio ac yn trio ei fflysho fo lawr y toilet!

"Ac mae lot o'r anifeiliaid yma'n brin iawn erbyn hyn. Bob blwyddyn mae mwy a mwy o rywogaethau yn diflannu'n llwyr, felly mae canran

o'r arian rydyn ni'n ei godi yn y sw yn mynd i elusennau o gwmpas y byd sy'n helpu i warchod yr anifeiliaid prin yma. Ac rydyn ni'n gwneud llawer o waith ymchwil er mwyn…"

Mae Oli yn rhoi ei bensel i lawr ac yn edrych arna i.

"Tydi pobl ddim yn gwybod y pethau yma, Sara Mai. Mae'n rhaid i ni roi gwybod i bawb, a ffeindio allan beth mae'r sw yn ei olygu iddyn nhw hefyd. Mae'n rhaid i ni ffeindio ffordd."

Ar hyn, mae Llywelyn Fawr yn rhuo ac mae Oli a finnau'n chwerthin.

"Reit, tyrd, mi fydd yn rhaid i dy sgets di aros."

Dwi'n rhedeg am y tŷ am yr ail waith heddiw, ac Oli yn dynn ar fy sodlau.

*

Rydyn ni'n dweud wrth Dad mai'r gegin fydd y stafell waith a sori, ond bydd rhaid iddo ymuno efo ni neu yfed ei goffi yn rhywle arall. Ac er 'mod i wedi meddwl erioed bod gan Dad, a'i ddillad gwaith smart a'i fag lledr taclus, ddim llawer o amynedd efo'r sw, mae o'n torchi ei lewys.

"Reit 'ta, lle ydan ni'n cychwyn?"

Erbyn iddi nosi mae bwrdd y gegin yn un smonach mawr o bapurau, nodiadau, syniadau, llyfrau Mali'r Milfeddyg, beiros, penseli, bisgedi a sawl mẁg gwag. Mae Oli'n dal wrthi'n brysur, ei ben i lawr a'i dafod allan yn gweithio ar boster arall. Mae Seb yn eistedd wrth ei ymyl yn lliwio'r posteri, dan arweiniad Oli, ac mae'r ddau'n sgwrsio am bêl-droed wrth weithio.

Mae Zia ar y ffôn, ei chlust yn goch wedi iddi ffonio gymaint o bobl; mae Dad yn brysur yn teipio llythyrau ar ei gyfrifiadur; mae het bompom James yn ysgwyd wrth iddo wyro dros ei ffôn symudol i anfon negeseuon at wahanol grwpiau, ac mae Mam yn brysur yn casglu tystiolaeth, tra 'mod i'n ailddrafftio'r prif gynllun sy'n esbonio sut mae'r cwbl yn dod at ei gilydd. Wrth edrych o fy nghwmpas dwi'n sylweddoli bod y rheinoseros yn fy mol wedi mynd ers tro. Ella na ddaw o'n ôl y tro hwn.

Pan mae'r pitsa tecawê tanboeth yn cyrraedd

mae pawb yn rhoi'r gorau i'r gwaith ac yn bwyta'n dawel am funud.

"Reit," meddwn i, ar ôl bwyta un cegaid a llyfu'r sos tomato o gornel fy ngheg. "Ydan ni'n barod? Ydych chi eisiau mynd trwy'r cynllun eto?"

"NAGOES!" meddai pawb fel un côr, ac rydyn ni i gyd yn rowlio chwerthin cyn mynd am sleisen arall o bitsa.

"Ocê, ocê. Ond cofiwch, wythnos sydd ganddon ni rŵan, dim ond wythnos. Ac mae gan bob un ohonon ni dasgau i'w cyflawni, a gwaith i'w wneud. Dydd Sadwrn nesaf fydd y diwrnod mawr. Dyma'n cyfle ni."

"Sara Mai, mi ddylset ti gysidro mynd yn wleidydd pan fyddi di'n hŷn," meddai Dad gan wenu, ac edrych yn falch ohona i.

"Dim diolch, Dad, gormod o bobl, dim digon o anifeiliaid," meddwn i, ac mae pawb yn rowlio chwerthin eto.

Mae hi wedi un ar ddeg o'r gloch arnon ni'n gorffen gweithio, ac mae llygaid pawb yn goch erbyn hynny, yn enwedig Oli, sydd wedi canolbwyntio gymaint ar ei luniau trwy'r prynhawn.

"Amser gwely," meddai Mam. "Dwi wedi ffonio dy fam a gwneud gwely bach i ti yn y stafell sbâr, Oli. Gobeithio y cysgi di'n iawn yno."

"O, diolch yn fawr," meddai Oli. "Dwi'n siŵr y gwna i. Dwi'n meddwl y baswn i'n cysgu'n sownd hyd yn oed yn lloc Taran heno, dwi wedi blino gymaint!"

Mae Oli wedi cael benthyg hen byjamas gan Seb, ond rhai Man U ydyn nhw, ac Everton mae Oli yn eu cefnogi, felly mae yna fwy o herio a chwerthin cyn i ni gysgu.

"Iawn, dyna ddigon," meddai Dad wrth basio'r tri ohonon ni ar y landin. "Gwely rŵan. Mae ganddon ni wythnos fawr o'n blaenau."

Mae Seb yn diflannu i'w wely a chyn i mi ddiffodd y golau wrth fy ngwely mae Oli yn picio'i ben trwy'r drws.

"Sara Mai?"

"Ia?"

"Ro'n i jyst isio dweud diolch. Hwn ydi'r diwrnod gorau dwi wedi'i gael ers talwm."

Y noson honno dwi'n breuddwydio fy mod i'n

filfeddyg enwog yn crwydro pob cyfandir, pob anialwch, diffeithdir a choedwig law, yn achub anifeiliaid prin. Fi yw Sara Mai'r Milfeddyg.

I'r gad!

Wrth i mi osod y falŵn olaf wrth y brif fynedfa dwi'n dechrau poeni. Beth os na ddaw neb? Beth os na fydd y cynllun yn llwyddo wedi'r cwbl? Does ganddon ni ddim cynllun B.

"Ti'n iawn?"

Mae Seb yn edrych arna i yn amheus wrth sythu'r poster ar ddrws y dderbynfa.

"Dwi jyst yn poeni… Be os nad ydi hyn yn gweithio, Seb? Be wedyn?"

"Os nad ydi hyn yn gweithio, mi fydd yn rhaid i ni feddwl am gynllun arall. Syml," meddai wrth gario 'mlaen i sythu'r poster. "Aros i weld sut mae pethau'n mynd heddiw. Mae Mr Parri wedi cytuno, do? Ac mae ffôn James wedi bod ar dân dros y dyddiau diwethaf yma. Pwy a ŵyr faint o bobl mae Zia'n adnabod, ac rydan ni'n gwybod bod timau pêl-droed y gynghrair…"

"Ocê, ocê. Ia, ti sy'n iawn. Dwi jyst yn nerfus."

"Dos i gael gair efo Llywelyn Fawr, wedyn tyrd i'r tŷ i gael brecwast. Mi fyddi di angen lot o egni heddiw!"

Am unwaith, dwi'n gwrando ar gyngor fy mrawd mawr ac yn picio draw i weld arth yr Andes.

"Wel, dyma ni, Llywelyn Fawr, mae'r diwrnod mawr wedi cyrraedd. Mi wnes i addo i ti, yn do?"

Mae'r arth yn edrych arna i'n ddiog wrth grafu rhisgl coeden.

"Bihafia heddiw, iawn?" meddwn, wrth amau bod yna sglein direidus yn llygaid yr hen arth. Mae'n troi ei chefn arna i ac yn cerdded i ben arall y lloc, cystal â dweud, gawn ni weld!

Wrth gychwyn am y tŷ dwi'n clywed sŵn rhywbeth. Dwi'n cael sbec ar fy oriawr; dim ond chwarter wedi wyth ydi hi, mae'n rhy gynnar i neb fod yma eto, ond oes, mae yna rywun yma, mi fedra i weld bws mini coch. Dwi'n rhedeg draw.

"Bore da, bach! Y'n ni'n y lle iawn? Ife fan hyn ma James yn gweithio? Ni 'ma ar gyfer y Parti Halibalŵ!"

"Ia! Yndach! Dewch i mewn!" A fesul un maen nhw'n camu oddi ar y bws mini. Llond bws o ddynion yn eu saithdegau.

"Ym, ffrindiau James ydych chi?"

"Ie, o'dd e'n aelod o'n clwb adar ni pan o'dd e'n byw lawr sha'r sowth! Sara Mai wyt ti, ife?"

Dwi'n gwenu ac yn nodio ar yr hen ddyn clên, ac yn eu harwain nhw i gyd i'r tŷ am baned.

Ond wrth i ni gyrraedd y tŷ mae James yn cerdded allan, a tu ôl iddo mae Mam, Dad, Seb a Zia.

"James! Mae dy ffrindiau di o'r de wedi cyrraedd!"

"Ooo, Caradog, shw mae!" meddai James, wrth ysgwyd llaw yr hen ddyn â'r wyneb clên.

"Wel, dyna pawb o'r de. Sgwn i pwy fydd yma nesaf?" meddai Dad, wrth basio tamaid o dost a jam i fi.

"Iyffach, nage, ddim pawb o bell ffordd," meddai James gyda thinc o chwerthin yn ei lais. "Ma ugen bws arall ar y ffordd lan!"

"Ugain?! Blwmin ec! Well i mi fynd i'r maes parcio cyn iddyn nhw gyrraedd a parcio fel idiots!" meddai Zia, gan frasgamu tua'r fynedfa.

"Reit, bois, does 'na'm amser i siarad mwy, edrychwch…"

Ac wrth i ni droi i'r un cyfeiriad â Seb rydyn ni'n gweld y bobl yn dod. Bysus, ceir, beiciau modur, beiciau a cherddwyr.

"O mam bach," meddwn i dan fy ngwynt.

"Ti'n dweud wrtha i!" meddai Mam dan chwerthin. "Tyd 'laen, Sara Mai. I'r gad!"

Dwi'n sefyll wrth y dderbynfa gyda chlamp o wên ar fy wyneb wrth groesawu'r holl ymwelwyr.

"Croeso i Barti Halibalŵ! Mwynhewch eich diwrnod! Plis cofiwch ysgrifennu llythyr bach yn nodi eich hoff beth am y sw cyn gadael. Dyma dempled llythyr i chi, neu mi fedrwch chi weld rhai o gwmpas y sw. Mwynhewch!"

Erbyn hyn mae Oli wedi cyrraedd ac mae o'n sefyll wrth y giât drws nesaf yn gwneud yr un peth. Mae'r bobl yn llifo i mewn. Diolch i James, mae hanner trigolion de Cymru wedi cyrraedd, y rhan fwyaf ohonyn nhw wedi teithio am bedair neu bump awr. Diolch i Dad mae llwyth o bobl o'r gymuned leol wedi dod, hyd yn oed Beti Williams o'r clwb cardiau, sydd yn 83 oed.

"Tydw i erioed wedi bod yma o'r blaen!" meddai Beti wrtha i wrth gerdded i mewn, y cyffro ar ei hwyneb yn gwneud iddi edrych fel plentyn.

Diolch i syniad Oli, mae pawb o'r ysgol ar eu ffordd yma hefyd. A dweud y gwir, diolch i rywbeth ddywedodd Oli y cawson ni'r syniad am y Parti Halibalŵ yn y lle cyntaf.

"Cyn i ti adael i mi ddod i'r sw am ddim do'n i erioed wedi bod yma," meddai Oli'n dawel wrtha i wrth i ni hel syniadau wythnos yn gynt. "Mae o'n rhy ddrud i Mam a fi, 'sti. Ella bod yna lot o blant eraill sydd erioed wedi bod yma chwaith. Mi fasa'n neis rhoi cyfle iddyn nhw i gyd ddod unwaith, yn basa? Dwi'n siŵr y basan nhw'n ein helpu ni i achub y sw wedyn."

A dyna pryd y cawson ni'r syniad o agor drysau'r sw i bawb yn rhad ac am ddim am un diwrnod, er mwyn i bawb o'r gymuned ac o bell ac agos ddod i weld beth sydd y tu ôl i'r giatiau, i ddysgu am yr anifeiliaid, a mwynhau.

Nesaf, daeth criw anferthol o fechgyn i mewn yn un haid swnllyd. Gwelais Oli yn rhoi pawen lawen i sawl un – mae'n rhaid mai'r timau pêl-droed ydyn nhw. Rhyngddynt, roedd Seb ac Oli wedi perswadio rheolwr y gynghrair bêl-droed leol i roi un dydd Sadwrn yn rhydd i holl dimau'r gynghrair, er mwyn iddyn nhw gael dod i'r Parti Halibalŵ.

"Ac os byddan *nhw* yma, mi fydd y merched yma," oedd geiriau awdurdodol Seb, ac mi oedd o'n iawn hefyd. Yn dynn ar sodlau'r bechgyn roedd criw anferthol o ferched, pawb yn chwerthin ac yn llawn cyffro am y diwrnod o'u blaenau.

Tu ôl i'r merched mi gefais i gip ar wyneb cyfarwydd – Mr Parri! Ar ôl i Oli a finnau esbonio'r stori wrtho, roedd holl athrawon yr ysgol wedi cytuno i ddod â phlant yr ysgol, gan nad oedd pob rhiant yn rhydd i ddod â'u plant ar ddydd Sadwrn. I mewn â'r disgyblion i gyd i'r sw fesul dau, fel yr anifeiliaid yn mynd ribidirês i mewn i arch Noa. A bron i mi â rhegi dros bob man pan welais i pwy oedd yn eu canol nhw... Leila!

Dyma fi'n troi at Oli, ac mae'n rhaid bod gen i

wyneb fel tarw achos dyma Oli yn ysgwyd ei ben yn wyllt ac edrych yn flin arna i, cystal â dweud na, paid â dweud dim byd, dim rŵan, dim yn fan hyn. Tynnais anadl ddofn a chymryd arnaf 'mod i heb weld Leila, a chario 'mlaen i groesawu pawb arall a rhannu'r templedi llythyrau.

Roedd y templedi yn edrych yn anhygoel. Yn forder o gwmpas y papur roedd lluniau bach o holl anifeiliaid y sw, ac ar y gwaelod roedd eglurhad byr yn dweud y byddem yn anfon y llythyr at y Cyngor fel tystiolaeth i ddangos bod cefnogaeth i gadw'r sw ar agor. Dyma un o'r pethau roedd Oli a Seb wedi bod yn gweithio arno, yn ogystal â'r posteri a'r hysbyseb ar gyfer y papur lleol.

Erbyn un ar ddeg o'r gloch roedd y ciwiau yn dechrau tawelu a dyma Zia'n mynnu bod Oli a finnau'n mynd i mewn i'r sw ac yn ei gadael hi yn y dderbynfa.

"Gwaith gwych, blods," meddai, a'r sbarc yn ôl yn ei llais. "*What a day, eh?* O, dyma nhw, mêts fi wedi cyrraedd!"

Trodd Oli a fi mewn pryd i weld un haid enfawr

o bobl ar gefn beiciau modur yn cyrraedd, yn datŵs ac yn glustdlysau i gyd.

"Lle fasan ni heb ein ffrindiau, e?" meddai Zia, ei gwallt pinc yn disgleirio yn yr haul.

Wrth i Oli a fi gerdded i mewn roeddwn i'n methu dal fy nhafod dim mwy.

"Oli, pam mae Leila yma? Ei thad hi sy'n gyfrifol am hyn i gyd! Mae'n rhaid ei bod hi yma i sbeio dros ei thad. Fedra i ddim…"

"Sara Mai," meddai Oli'n bwyllog gan droi i edrych arna i. "Dwi'n gwybod bod Leila wedi bod yn gas efo chdi. Yn afiach a dweud y gwir. Ond dwi wedi bod yn meddwl… Ti'm yn meddwl ella bod ei thad hi wedi bod yn dweud pethau adre? Yn llenwi ei phen hi wrth ddweud pethau cas am eich teulu chi, am ei fod o eisiau cau'r sw? Does neb yn cael dewis eu rhieni, nag oes? Dwi'n gwybod, achos os baswn i wedi cael, mi faswn i'n bendant wedi dewis tad gwahanol.

"Ac mae'n anodd symud i le newydd, tydi? Mi gymrodd sbel i Llywelyn Fawr setlo, yn do? Efallai mai trio gwneud ffrindiau newydd oedd Leila, ond ei bod hi wedi gwneud hynny mewn ffordd wirion, dwi'n gwybod hynny…

"Dwi ddim yn dweud wrthat ti beth i'w wneud, dwi jyst yn meddwl efallai bod Leila yn haeddu ail gyfle…" ac wrth iddo ddweud hyn rydyn ni'n dod i stop wrth ymyl lloc Taran, sy'n gorwedd yn osgeiddig ar ben ei chraig fawr.

"Ond Oli, mae hi wedi dweud pethau ofnadwy, pethau…"

"Dwi'n gwybod," meddai Oli eto. "Mae cenfigen yn gwneud i bobl ymddwyn yn rhyfedd."

"Cenfigen?" Dwi'n edrych yn hurt arno fo. "Pam fasa Leila Hughes yn genfigennus ohona i? Hi a'i theulu crand, cyfoethog?"

Mae Oli jyst yn gwenu arna i, ac yn troi ei gefn ar Taran fel ei fod yn wynebu'r sw i gyd. Mae'n agor ei freichiau ar led ac yn edrych o gwmpas i bob cyfeiriad.

"Pam ti'n meddwl?"

A phan dwi'n edrych arno eto, mae ei wyneb yn dweud y cwbl.

Y noson honno fedrwn i ddim stopio meddwl am eiriau Oli. Efallai y dylwn i roi cyfle arall i Leila, efallai ei bod hi'n anodd setlo mewn lle newydd, ac efallai bod ei thad hi wedi bod yn dweud pethau cas adref. Ond er hyn i gyd roedd hi wedi dweud pethau ofnadwy wrtha i, ac amdana i. Pethau hiliol. Sut mae maddau hynny?

Yr Awr Fawr

Fedra i ddim bwyta dim byd, dim hyd yn oed tost a jam. Mae pawb yn eistedd o gwmpas y bwrdd a'u llygaid ar Mam.

Mae hi ar ei thraed ac yn gafael yn y llythyr, ond yn sefyll fel delw.

"Mam, agor o!" meddai Seb am yr eildro ond mae Mam wedi rhewi, ac rydw innau hefyd.

Dyma ni, dyma'r eiliad y cawn ni wybod a wnaeth ein cynllun ni weithio, ac a oes dyfodol i Sw Halibalŵ. Mae hwn wedi bod yn fis hir iawn o aros.

Roedd y Parti Halibalŵ yn llwyddiant anhygoel. Roedd y sw dan ei sang trwy'r dydd efo pobl o bob oed yn mwynhau eu hunain. Ar ôl i Oli a fi orffen ein dyletswydd wrth y fynedfa dyma ni'n ymuno â Mam, Dad a Seb yn y gwaith o dywys pobl o gwmpas y sw gan roi hanes yr anifeiliaid a gwybodaeth am ein gwaith elusennol a'n partneriaethau ni â pharciau cadwraeth o gwmpas y byd. Roedd Oli yn iawn am hynny hefyd – doedd fawr o neb yn gwybod am yr ochr yna o waith y sw, er ei fod ar hysbysfyrddau o gwmpas y lle. Y gwir amdani ydi bod pobl yn llawer rhy brysur i ddarllen pethau felly, gan eu bod nhw'n mwynhau edrych ar yr anifeiliaid gymaint.

Mae Mam a James a fi wedi bod yn trafod tipyn, ac os ydy'r sw yn cael ei hachub rydyn ni'n meddwl bod angen buddsoddi a datblygu; cael fideos ym mhob lloc yn dweud hanes pob anifail, a negeseuon llais sy'n rhannu gwybodaeth am ein gwaith cadwraeth a'n gwaith elusennol.

Mae Zia wedi cael syniad gwych hefyd, o gynnal un diwrnod agored am ddim bob blwyddyn.

"Mi fedrwn ni *totally* fforddio fo," meddai wrth wneud symiau ar ei ffôn, "achos mae pobl yn dod yn ôl wedyn dro ar ôl tro, felly mae'n gwneud *business sense.*"

Roedd hyd yn oed Dad yn methu anghytuno â hynna.

Ar ôl i bawb fynd adre'r noson honno ac i ninnau eistedd i lawr ar ôl diwrnod hir iawn, iawn dyma Seb, Oli a fi yn dechrau cyfri'r llythyrau. Roedd y dagrau'n llenwi fy llygaid wrth i mi ddarllen ambell un, a gweld bod pobl eraill yn teimlo'r un fath â fi.

"*Drum roll*, plis!" meddai Seb yn ddramatig wrth sefyll ar ei draed yn chwifio'r pentwr o lythyrau. "Atgoffa ni, Dad, faint o gwynion mae'r Cyngor wedi eu derbyn am y sw?"

"Naw erbyn hyn, os dwi'n cofio'n iawn," meddai Dad, gan ddal ei wynt.

"Wel, bobl, mae gen i naw cant, wyth deg a saith o lythyrau gan blant a phobl o bob cwr o Gymru a thu hwnt yn dweud pam bod Sw Halibalŵ mor arbennig, a pham na ddylai'r Cyngor gau'r sw, ar unrhyw gyfrif!"

Ffrwydrodd y gegin gyda sgrechian a chwerthin a chrio, a doedd neb yn gweiddi'n uwch nag Oli.

Fe gawsom ni syrpréis arall y bore dydd Llun canlynol wrth i James redeg i'r tŷ a'i wynt yn ei ddwrn, gan daflu'r papur newydd lleol ar y bwrdd.

"Edrychwch," meddai, gan bwyntio ar y dudalen flaen. Ac yno roedd llun o Oli a fi wrth y dderbynfa, a'r ciw hirfaith o bobl yn aros i ddod mewn i'r sw yn nadreddu i'r pellter.

"Ac edrychwch ar y teitl!" Mewn llythrennau bras ar dop y papur darllenais:

MAE'N SW-NIO'N ADDAWOL I HALIBALŴ

A hithau dim ond yn hanner awr wedi saith ar fore Llun dyma ddechrau ar y gwichian a'r neidio a'r sgrechian unwaith eto!

★

Mae pawb yn dal i syllu ar Mam wrth iddi hi syllu ar yr amlen.

O'r diwedd, mae'n tynnu anadl ddofn ac yn agor y llythyr. Dwi'n edrych o gwmpas y gegin. Mae James wedi tynnu ei het bompom ac yn ei throi a'i throi yn ei ddwylo. Mae Zia'n cnoi ei hewinedd ac wedi cau ei llygaid. Mae Seb yn syllu ar y llythyr fel petai'n trio darllen y geiriau trwy gefn y papur.

Mae Dad wedi codi i sefyll wrth ymyl Mam, ac yn gafael ei am hysgwyddau hi, ac yn ddistaw bach, mae Oli yn estyn am fy llaw o dan y bwrdd ac yn gafael ynddi'n dynn.

Mae'r dagrau'n dechrau llifo i lawr bochau Mam, ond mae Dad yn gafael yn y llythyr ac yn dechrau chwerthin cyn gweiddi:

"'Dan ni'n saff! Mae'r sw yn saff! Aaaaaaa!" Ac yna mae Mam yn gwenu ac yn dechrau chwerthin hefyd. Dagrau rhyddhad ydyn nhw. Dagrau hapusrwydd.

"Aaaaaaaaaaaaaaaaaaa!" Mae pawb ohonon ni'n dechrau neidio a bownsio o gwmpas y lle fel anifeiliaid gwyllt o'r coed, yn sgrechian ac yn crio ac yn chwerthin.

Dwi'n cael cipolwg ar y llythyr sydd wedi disgyn ar lawr yng nghanol y cyffro ac yn gweld y geiriau 'cefnogaeth ddiamheuol' a 'caffaeliad i'r gymuned'. Mi fydd yn rhaid i mi tsiecio'r geiriadur wedyn i weld be'n union ydy ystyr y geiriau mawr ond maen nhw'n bendant yn swnio fel geiriau da.

"Sara Mai!!!" meddai Oli gan neidio i fyny ac i lawr. "'Dan ni wedi llwyddo! Mae'r sw yn saff!

Mae Llywelyn Fawr a Talfryn a Taran a phawb yn saff!"

Dwi'n gafael yn dynn am Oli.

"Fasan ni ddim wedi llwyddo hebddat ti."

Erbyn dydd Llun mae'r newyddion wedi cyrraedd yr ysgol, a phan dwi'n cerdded i mewn i'r dosbarth mae pawb yn neidio ac yn gweiddi, "Hwrê i Halibalŵ" nerth eu pennau!

Er 'mod i wrth fy modd, dwi ddim yn rhy siŵr lle i sbio, felly dwi'n reit ddiolchgar pan mae Mr Parri yn dweud wrth bawb am eistedd a setlo ac estyn am ein llyfrau mathemateg.

Dwi'n gwibio trwy'r syms y bore hwnnw, yn ysu iddi fod yn amser chwarae, a phan mae'r gloch yn canu o'r diwedd dwi'n codi ac yn cychwyn allan.

"Sara Mai, tisio dod i chwarae efo ni? Rydan ni'n meddwl dechrau grŵp pop ac roedd Nia yn dweud fod gen ti lais canu neis," meddai Leila wrth ddechrau cnoi ei hafal.

Roedd Leila wedi dod i ddweud sori wrtha i y bore hwnnw. Sori bach oedd o. Sori bach, tawel, sydyn wrth hongian ei chôt ar y ffordd i mewn i'r dosbarth. Ond sori oedd sori wedi'r cwbl.

Meddyliais sut i ateb rŵan. Tydw i bendant ddim eisiau canu mewn grŵp pop.

"Ella amser cinio. Dwi wedi gaddo chwarae pêl-droed."

"Ocê!"

Ac i ffwrdd â fi allan i'r cae, lle mae Oli a'r criw yn aros amdana i.

Y DIWEDD

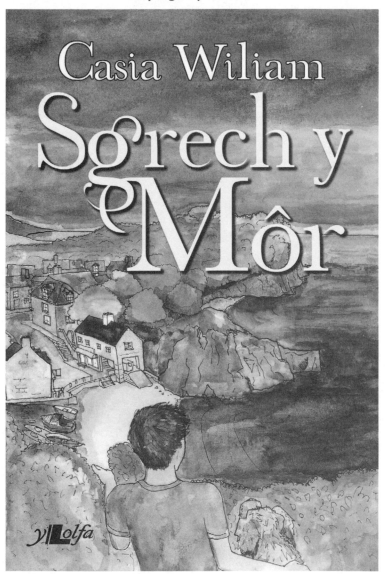

Casia Wiliam

Sgrech y Môr

£5.95